C EDITION
LATIN FAKE BOOK

OVER 500 SONGS

Melody, Lyrics, Chords
For Piano, Vocal, Guitar and All 'C' Instruments

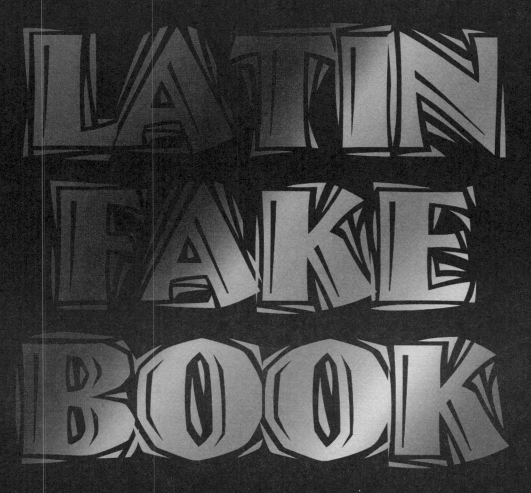

LATIN FAKE BOOK

ISBN 0-634-01103-0

HAL•LEONARD® CORPORATION

7777 W. BLUEMOUND RD. P.O. BOX 13819 MILWAUKEE, WI 53213

Visit Hal Leonard Online at
www.halleonard.com

CONTENTS

A ÉSA

Words and Music by MANUEL ALEJANDRO
and MARIA ALEJANDRA

Additional Lyrics

2. A ésa,
   Que ahora está, como ya ves
   Destruída de rodar,
   Yo le he escrito mil poemas
   A sus ojos y a su piel.
   Chorus

3. A ésa,
   Le he enseñado a besar,
   A sentir, y a ser mujer,
   Y ya ves que aventajada.
   ¡Quién se lo iba a suponer!
   Chorus

A FELICIDADE

Words and Music by VINICIUS DE MORAES,
ANDRE SALVET and ANTONIO CARLOS JOBIM

A MEDIA LUZ
(The Light of Love)

English Lyrics by BORIS RANDOLPH
Spanish Lyrics by ERNESTO FLORES
Music by EMILIO DONATO

A MÍ QUÉ

Words and Music by
JESÚS GUERRA

A mí qué, a mí qué. De - cí - a Jua - na Tri - pi -

- ta la ne - gra más _____ ru - ti - ne - ra.

A mí qué, a mí qué. Yo soy Tri - pi - ta en La Ha - ba -

- na, mi vie - jo a - mi - go que se - a. Si vie - ras co - mo me - nea

- ba chi - qui - ta su _____ cin - tu - ri - ta, mien - tras que con su pa - lu -

- cha so - li - ta se _____ di - ver - tí - a. _____

Y de - cí - a se a - ca - bó, a mí qué.

A mí qué, a mí qué.

A SANTA BARBARA

Words and Music by REUTILIO DOMINGUES
and CELINA GONZALEZ

Oriantal

1. Que vi - va chan - gó   que vi - va chan - gó   que vi - va chan -
2 - 6 *(See additional lyrics)*

gó __ que vi - va chan - gó se - ño - res _____   San - ta Bar - ba - ra ben -

di - ta _____ pa - ra ti sur - ge mi li - ra   San - ta Bár - ba - ra ben -

di - ta pa - ra tí sur - ge mi li - ra   y con e - mo - ción seins -

pi - ran an - te tu i - ma - gen bo - ni - ta __   Que vi - va chan - gó.

Additional Lyrics

2. **Con voluntad infinita**
   arrancó del corazón
   la melodiosa expresión
   pidiendo que desde el cielo
   nos envíe tu consuelo
   y tu santa bendición.

   Chorus

3. **Virgin venerada y pura**
   Santa Bárbara bendita (bis)
   nuestra oración favorita
   llevamos hasta tu altura

   Chorus

4. **Con alegría y ternura**
   quiero llevar mi trobada
   allá en tu mansión sagrada
   donde lo bueno ilumina
   junto a tu copa divina
   y tu santísima espada.

   Chorus

5. **En nombre de mi nación**
   Santa Bárbara te pido(bis)
   que riegues con tu fluído
   tu sagrada bendición.

   Chorus

6. **Yo también de corazón**
   te daré mi murmurío
   con orgullo y poderío
   haré que tu nombre suba
   en el nombre de mi Cuba
   este saludo te envío.

   Chorus

ABRAN PASO

Words and Music by
ISMAEL MIRANDA

Moderately

1. A - bran pa - so, _____ (Instrumental)
2.,3. (See additional lyrics)

ca - ba - lle - ro, a - bran pa - so que ya ven - go pre - pa - ra - do, _____

To Coda

_____ (Instrumental) y a to - do el que ne - ce - si - te _____

hoy yo le voy a a - yu - dar. (Instrumental)

su co - pa y con su es - pa - da, _____ pa - ra a -

D.C. al Coda

li - viar - le de to - do mal. (Instrumental)

CODA

Trai - go yer - ba bue - na, _____ yo trai - go al - ta - mi - sa, _____
Trai - go me - jo - ra - na, _____ yo trai - go a - man - sa - gua - po, _____

_____ yo
yo rom - pe sa - ra - guey _____ (Instrumental)

(Instrumental ad lib.)

a - bran pa - so, _____

To Coda II
Play 4 times

a - bran pa - so. _____ (Instrumental)

D.S.S. al Coda II
Play 4 times

CODA II

(Instrumental)

Additional Lyrics

2. Abran paso . . . abran paso!
   Que ya vengo bien caliente
   Con Santa Bárbara a mi lado
   Con su copa y su espada
   Venimos para aliviarle de todo mal.

3. Abran paso . . . abran paso!
   Miren lo que yo les traigo
   Yo traigo yerba buena,
   Yo traigo altamisa,
   Yo traigo mejorana,
   Yo traigo amansaguapo,
   Yo traigo rompe saraguey.

ABRÁZAME ASÍ

Words and Music by
MARIO CLAVELL

Bolero

A-brá-za-me a-sí ___ que es-ta no-che yo quie-ro sen-tir ___ de tu pe-cho el in-quie-to la-tir ___ cuan-do es-tás a mi la-do. A-brá-za-me a-sí ___ que en la vi-da no hay na-da me-jor ___ que de-cir-le que sí al co-ra-zón ___ cuan-do pi-de ca-ri-ño. ___ A-brá-za-me a-sì ___ y en un be-so te voy a con-tar ___ el más dul-ce se-cre-to de a-mor ___ que hay en mi co-ra-zón. ___ A-cér-ca-te a mí ___ y es-ta no-che vi-va-mos los dos ___ la ben-di-ta lo-cu-ra de a-mor. ¡A-brá-za-me a-sí A-sí! ___ ¡A-sí! ___

ACÉRCATE MAS
(COME CLOSER TO ME)

Music and Spanish Words by OSVALDO FARRES
English Words by AL STEWART

ACID

By RAY BARRETTO

ADIÓS

English Words by EDDIE WOODS
Spanish Translation and Music by ENRIC MADRIGUERA

ADELITA

English Lyric by OLGA PAUL
Arranged by RICARDO ROMERO

co - che al cuar - tel ____ Si A - de - li - ta qui - sie - ra ser mi es-
ner su po - der ____ Que no llo - res por mi yo te lo
all through my life. ____ Ad - e - li - ta, if I could be your
coun - try to die. ____ Ad - e - li - ta, if I should fall in

po - sa ____ si A - de - li - ta ya fue - ra mi mu - jer
rue - go ____ por - que mue - ro cum - plien - do mi de - ber ____
hus - band, ____ If you'd be all my own, my lit - tle wife, ____
bat - tle, ____ In the Sier - ras ____ I would proud - ly lie, ____

____ le com - pra - ri - a un ves - ti - di - to de se - da ____ pa - ra lle-
____ de li - ber - tar a mi a - ma - da Pa - tria ____ de el que
____ Then I'd ____ buy you a dress that's made of sa - tin, ____ And I would
____ Do not shed tears for ____ me and do not sor - row, ____ Since I'll be

var - la en un co - che al cuar - tel. ____ Y si a-
quie - re im - po - ner su po - der. ____
wor - ship you all through my life. ____ But if the
glad for my coun - try to die. ____

ADIÓS TRISTEZA
(Bye Bye Tristeza)

By MARCOS VALLE and CARLOS COLLA
Spanish Lyrics by ANA GABRIEL

Lyrics

Ya sientó que tu amor no es suficiente
Y así contigo yo jamas sere feliz
Quiero separar lo que es real del sueño
Y me alejo de ti
Ya pienso más en mi
No me digas que no
Si ya lo decidi

Yo no vin aquí a sufrir
Puedo andar el mundo sin ti
Quiero ser feliz, bye bye tristeza necesito volar
Ya quiero equivocarme sin pedir consejos
Si lloro o no
Culpar a nadie por mi error
Deseo conocerme sin mirar espejos

ADIÓS MUCHACHOS

By JULIO SANDERS

ADORO

Words and Music by
ARMANDO MANZANERO CANCHE

AGAIN AND AGAIN

By CHICK COREA

AGUARDIENTE DE CAÑA

Words and Music by
MIGUEL BARCASNEGRAS

ÁGUAS DE MARÇO
(Waters Of March)

Words and Music by
ANTONIO CARLOS JOBIM

ÁGUA DE BEBER
(Water To Drink)

Original Words by VINICIUS DE MORAES
English Words by NORMAN GIMBEL
Music by ANTONIO CARLOS JOBIM

AHORA SEREMOS FELICES
(La Casita)

Words and Music by
RAFAEL HERNÁNDEZ

CODA

Repeat and Fade

que dios nos de mu - cha vi - da ne - gra y mu - cha fe - li - ci - dad.

AHORA VENGO YO

Words and Music by
RICHIE RAY and BOBBY CRUZ

AL IMPULSO

Words and Music by
ANGEL LEBRON

ALAGADOS

By HERBERT VIANNA, JOAO BARONE
and BI RIBEIRO

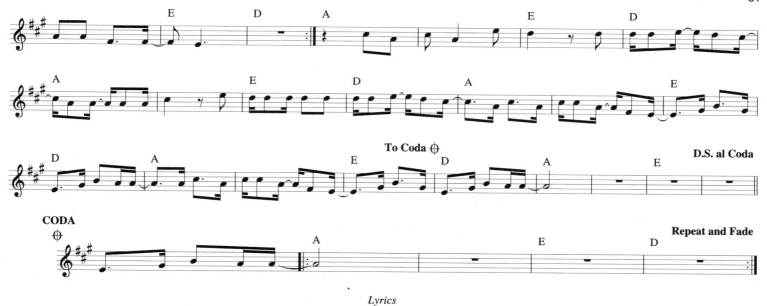

Lyrics

Todo dia
O sol da manhã vem e lhes desafia
Traz do sonho pro mundo quem já não queria
Palafitas, trapiches, farrapos
Filhos da mesma agonia

E a cidade
Que tem braços abertos num cartão postal
Com os punhos fechados da vida real
Lhes nega oportunidades, mostra a face dura do mal

Alagados, trenchtown, favela da maré
A esperança não vem do mar
Nem das antenas de tevê
A arte de viver da fé
Só não se sabe fé em que
A arte de viver da fé
Só não se sabe fé em que.

ALLA EN EL RANCHO GRANDE
(My Ranch)

English Lyric by BARTLEY COSTELLO
Spanish Lyric and Music by SILVANO R. RAMOS

ALMA CON ALMA

Words and Music by
JUANITO MARQUEZ

Moderately slow

To do lo que sue ño es tan dul ce, tan dul ce co mo tú.
To do lo que an si o es de li cias. De li cias pa ra ti. Y

sue ño con cos i tas tan lin das, tan lin das co mo tú.
Pien so en la más tier na ca ri cia que

dar te con a mor. Quie ro te ner te cer ca, y en un un bra zo u

nir nos. Y a si pe dir te que es te mos to do la vi da, la bios con la bios,

al ma con al ma. To do lo que sue ño es tan dul ce, tan dul ce co mo tú.

Y sue ño con cos i tas tan lin das, tan lin das co mo tú.

Quie ro te ner te cer ca, y en un un bra zo u nir nos.

Y al ma con al ma siem pre vi vir! ___

ALMA DE MUJER
(Bolero Son)

Words and Music by
ARMANDO VALDESPI

Moderately

Te qui se con al ma de ni ño y tan gran de fué mi ca ri ño, que nun ca cre í que po

dri as ha ber o fen di do es te a mor tan sa gra do ___ que te o fren dé y a

ho ra que ya te mar chas té, u na her mo sa vi da tron chas te, qui sie ra lle nar el va

AMAPOLA
(Pretty Little Poppy)

By JOSEPH M. LACALLE
New English Words by ALBERT GAMSE

ALMENDRA

Words and Music by
ABELARDO VALDÉS

AMANECÍ EN TUS BRAZOS

Words and Music by
JOSE ALFREDO JIMENEZ

AMANTES

Words and Music by JULIO IGLESIAS, GIANNI BELFIORE,
RAMON ARCUSA, DARIO FARINA and EZIO PIGGIOTTA

Additional Lyrics

Amantes
Con el coraje de siempre adelante
Vivir la vida entera a cada instante
Sin importarnos que murmuren y hablen.
Amantes
Con la conciencia de no ser culpables
Y el sentimiento de un amor tan grande
Saber que nadie puede separate.

AMOR
(Amor, Amor, Amor)

Music by GABRIEL RUIZ
Spanish Words by RICARDO LOPEZ MENDEZ
English Words by NORMAN NEWELL

Tempo Beguine

C

A - mor,   A - mor,   A - mor   Na - cio de ti, Na - cio de
A - mor,   A - mor,   A - mor   This word so sweet that I re -

G7   Dm

mi de la es - pe - ran - za.   A - mor,   A - mor,   A - mor
peat Means I a - dore you.   A - mor,   A - mor,   my love,

G7   G7b9/C   C6   G7b9/C   C6

Na - cio de Dios, pa - ra los dos, Na - cio del al - ma.   Sen -
Would you de - ny this heart that I Have placed be - fore you.   I

Em   B7

tir que tus be - sos a - ni - da - ron en mi, I - gual que pa - lo - mas men - sa -
can't find an - oth - er word with mean - ing so clear, My lips try to whis - per sweet - er

Em   G7   Abdim7   Am   D7

je - ras de luz. Sa - ber que mis be - sos se que - da - ron en ti, ha -
things in your ear. But some - how or oth - er, noth - ing sounds quite so dear As

G7   Dm7   G7   C

cien - do en tus la - bios la se - nal de la cruz. A - mor,   A - mor,   A -
this soft ca - ress - ing word I know.   A - mor,   A - mor,   my

mor   na - cio de ti, na - cio de mi, de la es - pe -
love,   When you're a - way, there is no day, And nights are

G7   Dm

ran - za.   A - mor,   A - mor,   A - mor
lone - ly.   A - mor,   A - mor,   my love,

G7   **1**   Fm6   C

Na - cio de Dios, pa - ra los dos, Na - cio del al - ma.
Make life di - vine, Say you'll be mine And love me on - ly.

Dm7   G7   **2**   C6

A - dos Na - cio del al - ma.
A - mine And love me on - ly.

AMOR ARTIFICIAL

Words and Music by
C. CURET ALONSO

Guaracha

Gm9   Abmaj7/G   D/G   Cm9/G   Gm9   Abmaj7/G

(Instrumental)

Gmaj9   Cm9/G   Gm7   Abmaj7/G   Gmaj9   Cm7/G

AMOR CIEGO
(Canción Bolero)

Words and Music by
RAFAEL HERNÁNDEZ

AMOR ETERNO
(El Mas Triste Recuerdo)

Words and Music by
JUAN GABRIEL

AMOR PERDIDO

Words and Music by
PEDRO FLORES

AMOR PROHIBIDO

Words and Music by A.B. QUINTANILLA III
and PETE ASTUDILLO

AMORE MÍO

Words and Music by
MARIO CLAVELL

ANACAONA

Words and Music by
C. CURET ALONSO

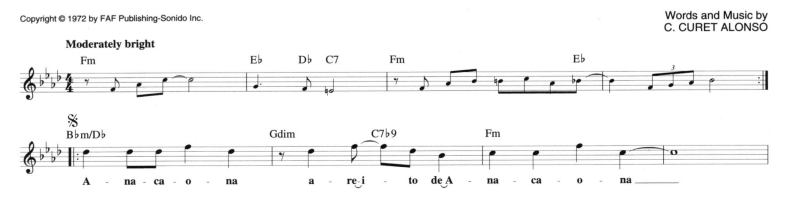

AND I LOVE HER

Words and Music by JOHN LENNON
and PAUL McCARTNEY

ANDALUCÍA
from the Spanish Suite ANDALUCÍA

By ERNESTO LECUONA

ANOS DOURADOS
(Looks Like December)

Words and Music by ANTONIO CARLOS JOBIM
and CHICO BUARQUE
English Lyrics by ANTONIO CARLOS JOBIM

Portuguese Lyrics

Parece que dizes Te amo Maria
Na forografia Estamos felizes
Te ligo afobada E deixo confissões No gravador
Vai ser engraçado Se tens um novo amor
Me vejo ao teu lado Te amo

Não lembro Parece dezembro
De um ano Dourado Parece bolero
Te quero te quero
Dizer que não quero
Teus beijos nunca mais
Teus beijos nunca mais
Não sei se eu ainda
Te esqueço de fato

No nosso retrato
Pareço tão linda
Te ligo ofegante
E digo confusões no gravador
É desconcertante
Rever o grande amor
Meus olhos molhados insanos dezembros mas quando me lembro
São anos dourados
Ainda te quero Bolero, nossos versos são banais
Mas como eu espero
Tues beijos nunca mais
Tues beijos nunca mais

ANGOA

Music by FÉLIX REINA
and CARLOS REYES

(Cha–cha–cha montuno)

ANEMA E CORE
(With All My Heart)

English Lyric by MANN CURTIS and HARRY AKST
Italian Lyric by TITO MANLIO
Music by SALVE d'ESPOSITO

ANTIGUA

By ANTONIO CARLOS JOBIM

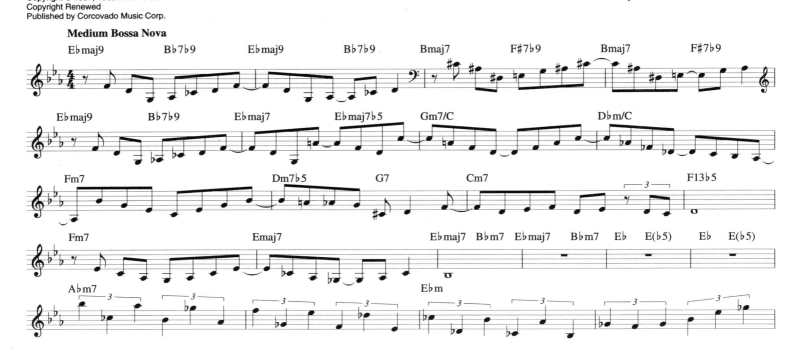

AQUELLOS OJOS VERDES
(Green Eyes)

Music by NILO MENENDEZ
Spanish Words by ADOLFO UTRERA
English Words by E. RIVERA and E. WOODS

AQUI, OH!

Words by FERNANDO BRANT
Music by TONINHO HORTA

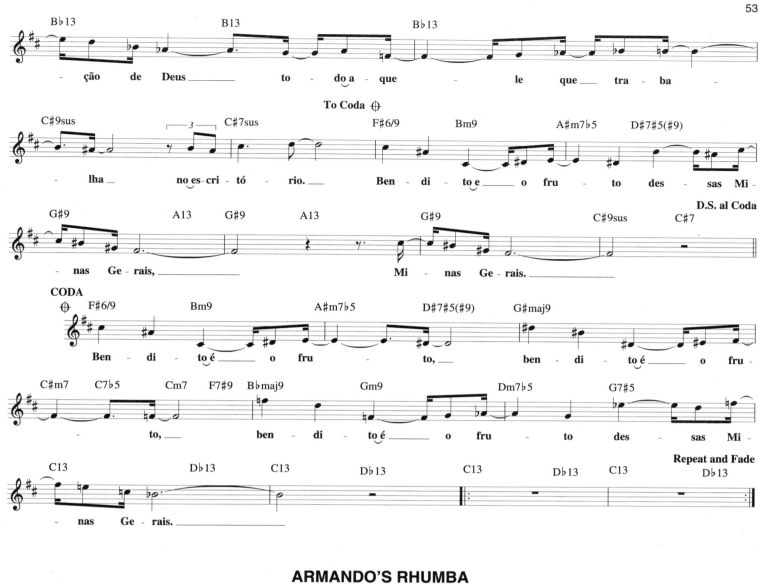

- ção de Deus _____ to - do a - que _____ le que tra - ba -
- lha _____ no es - cri - tó - rio. _____ Ben - di - to e _____ o fru - to des - sas Mi -
- nas Ge - rais, _____ Mi - nas Ge - rais. _____

CODA

Ben - di - to é _____ o fru - to, _____ ben - di - to é _____ o fru -
- to, _____ ben - di - to é _____ o fru - to des - sas Mi -
- nas Ge - rais. _____

ARMANDO'S RHUMBA

By CHICK COREA

33

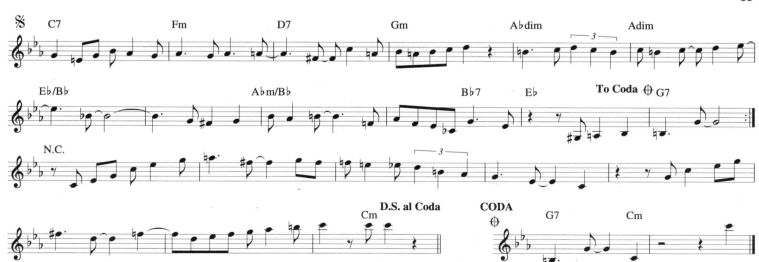

ARRANCAME LA VIDA

Words and Music by
AGUSTIN LARA

ASÍ FUE

Words and Music by
JUAN GABRIEL

ARROYITO

Words and Music by
AGUSTIN LARA

Ar - ro - yo cla - ro que en tu mur - mul - lo le das ar - rul - lo al ca - ña - ver - al.

Hi - li - to de ag - ua que ha - ce cos - quil - las a mi ve - re - da y a mi jac - al.

Son tus gui - jar - ros un col - lar - ci - to con el que a - dor - no mi co - ra - zón.

Cu - na de pla - ta de la ma - ña - na, que en la mon - ta - ña se ha - ce can - ción.

Yo ten - go cel - os, cel - os mor - tal - es, por - que tú
(Instrumental)

ba - ñas su lin - do cuer - po lle - no de luz; y ten - go cel - os de tus es - pum-
(End instrumental)

- as y tus cris - tal - es ar - ro - yi - to de pla - ta mi riv - al - er - es

tú. mi riv - al - er - es tú.
(Instrumental)

ASÍ SE COMPONE UN SON

Words and Music by
ISMAEL MIRANDA

Pa - ra com - po - ner un son, se ne - ce - si - ta un mo - ti - vo, y un te - ma

cons - truc - ti - vo y tam - bién ins - pr - ra - ción.
Es - co - mo ha cer
Cuan - do ten - gas

un sa - zón, con to - dos los in - gre - dien - tes, tú tie - nes que ser pa - cien - te,
el mo - ti - vo, a - plí - ca - lo con el te - ma a - sí con e - se sis - te - ma,

si no se te va la - ma - no. y el bai - la - dor que lo bai - la, no pue - de go -
nun - ca fa - lla - rás her - ma - no, lue - go da - le ins pi - ra - ción _____ y sen - ti - mien -

zar her - ma - no ó - ye - lo bien. Pa - ra - com - po -
to cu - ba - no ó - ye - lo bien.

(Instrumental) Vocal ad lib.

A - sí se com - po ne un son

To Coda Repeat ad lib. D.S. al Coda (with repeats)

CODA

(Instrumental)

ASÍ ME GUSTA

By FRANCISCO J. NAVARRO

With spirit

To Coda D.S. al Coda CODA

AUSENCIA

Words and Music by
RAFAEL HERNÁNDEZ

AZUCENAS

Words and Music by
PEDRO FLORES

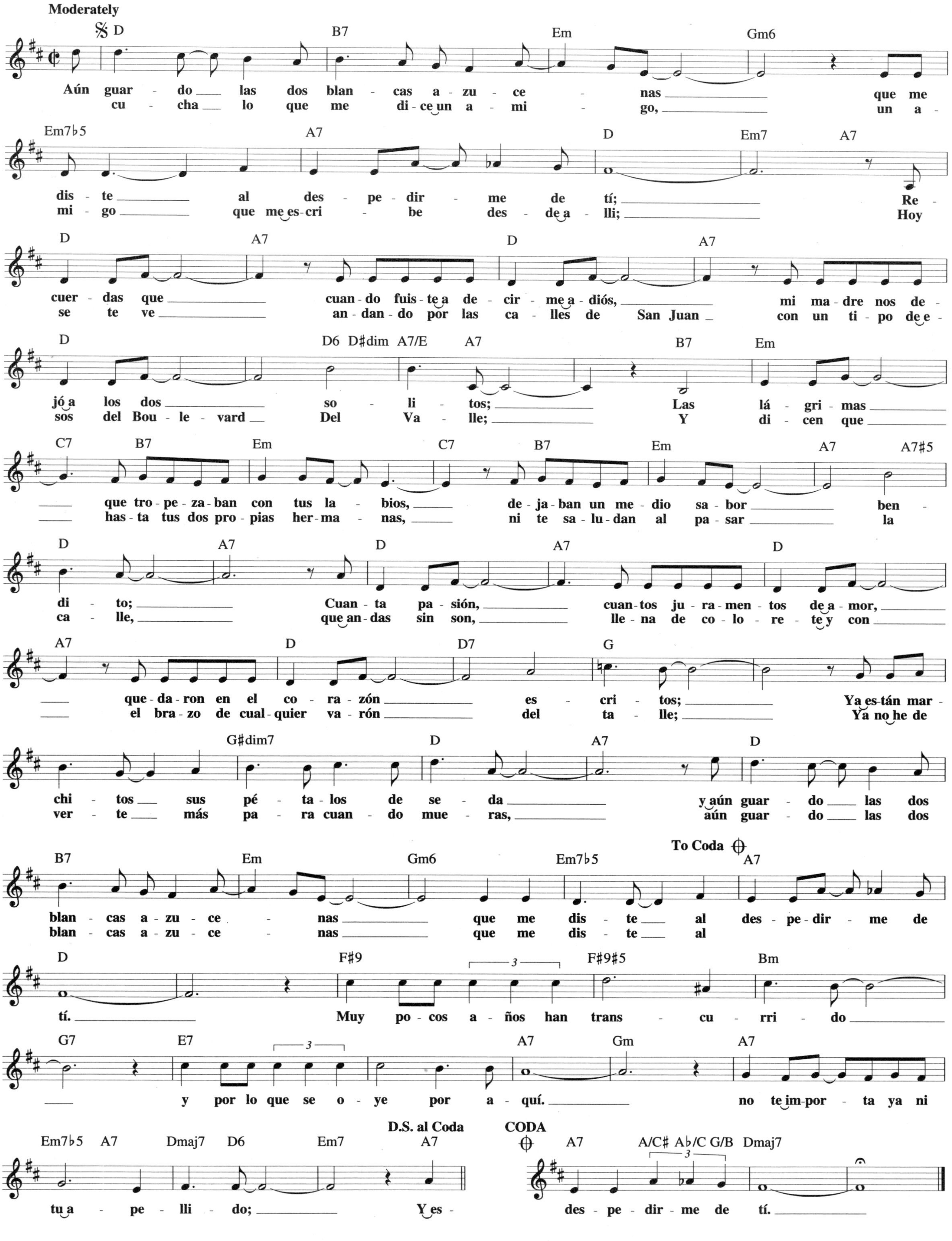

BABALÚ

Words and Music by
MARGARITA LECUONA

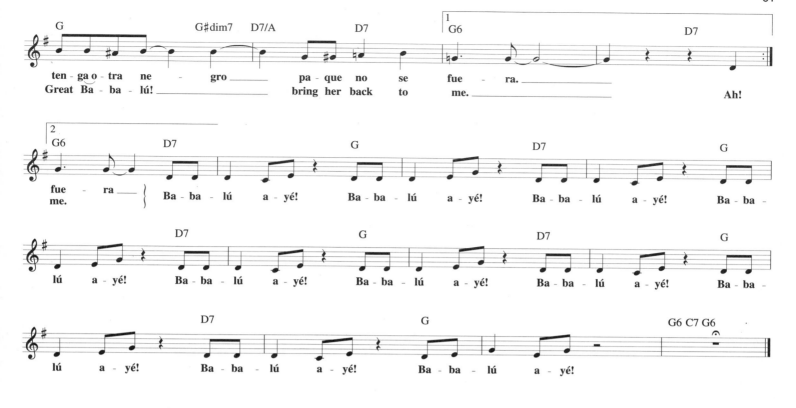

ten - ga o - tra ne - gro _____ pa - que no se fue - ra. _____

Great Ba - ba - lú! _____ bring her back to me. _____ Ah!

fue - ra _____ me. ra _____ Ba - ba - lú a - yé! Ba - ba - lú a - yé! Ba - ba - lú a - yé! Ba - ba -

lú a - yé! Ba - ba - lú a - yé! Ba - ba - lú a - yé! Ba - ba - lú a - yé! Ba - ba -

lú a - yé! Ba - ba - lú a - yé! Ba - ba - lú a - yé!

BARROCO

By BEBU SILVETTI

BAÍA
(Bahia)

By ARY BARROSO
English Lyric by RAY GILBERT

re - na, _____ eu an - do lou - ca de sau - a -
re - na, _____ Make my life com - plete a -

dade! _____ Meu Si - nho do Bom -
gain! _____ How I pray for the

fim, ar - ran - je um mo - re - no i - gual - si - nho prá a -
day when I'll see your smile and my heart will beat a -

Repeat and Fade

mim. _____
gain. _____

BEAUTY AND THE PRIEST

By HENDRIK MEURKENS

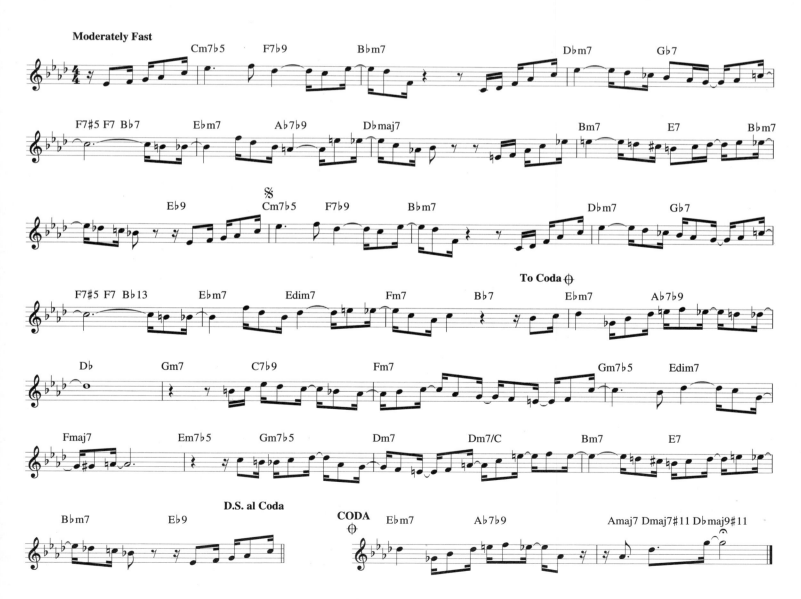

Moderately Fast

BASTA DE CLAMARES INOCÊNCIA

Words and Music by
CARTOLA

Medium Bossa Nova

BÉSAME

Words and Music by FLAVIO VENTURINI
and MURILO ANTUNES

BELLA SEÑORA
(Bella Signora)

Lyrics by LUCIO DALLA
Music by MAURO MALAVASI

BÉSAME MUCHO
(Kiss Me Much)

Music and Spanish Words by CONSUELO VELAZQUEZ
English Words by SUNNY SKYLAR

BILONGO

Words and Music by
GUILLERMO RODRIGUEZ FIFFÉ

BIMBOMBEY

Words and Music by MACK DAVID,
LUIGI CREATORE and HUGO PERETTI

BOSSA ANTIGUA

By PAUL DESMOND

BOSSA NOVA BABY

Words and Music by JERRY LEIBER
and MIKE STOLLER

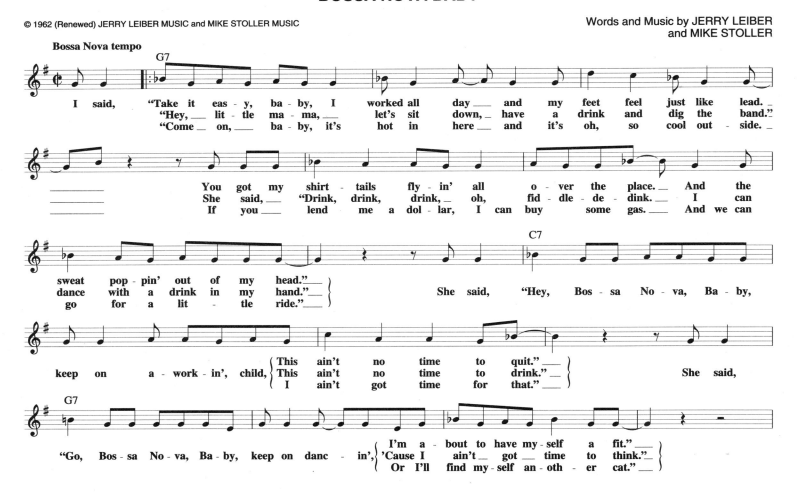

BLACK ORPHEUS

Words and Music by
LUIZ BONFA

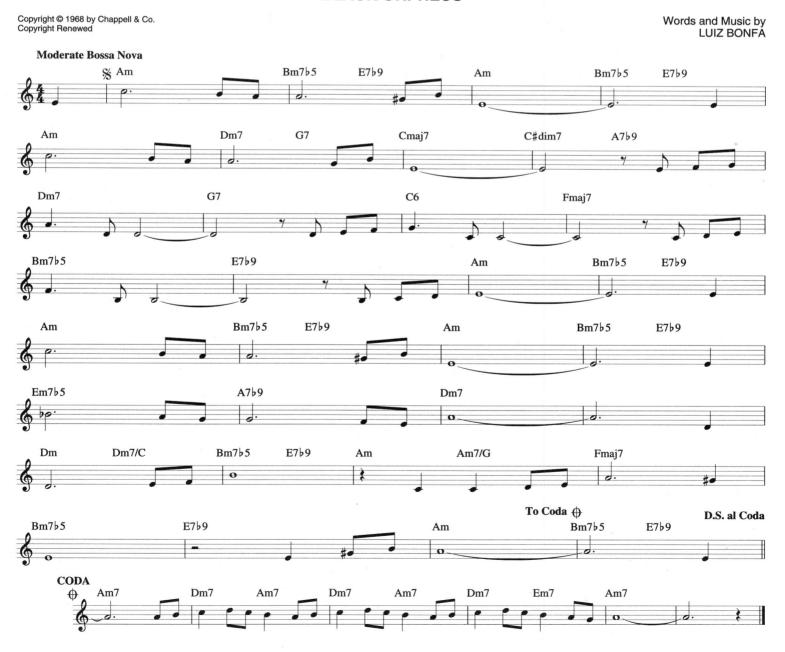

BLAME IT ON THE BOSSA NOVA

Words and Music by BARRY MANN
and CYNTHIA WEIL

BORINQUEN TIENE MONTUNO

Words and Music by
ISMAEL MIRANDA

BRAZIL

Words and Music by S.K. RUSSELL
and ARY BARROSO

BUCHE Y PLUMA "N" "MA"

Words and Music by
RAFAEL HERNÁNDEZ

THE BREEZE AND I

Words by AL STILLMAN
Music by ERNESTO LECUONA

BREGEIRO

Music by ERNESTO NAZARETH

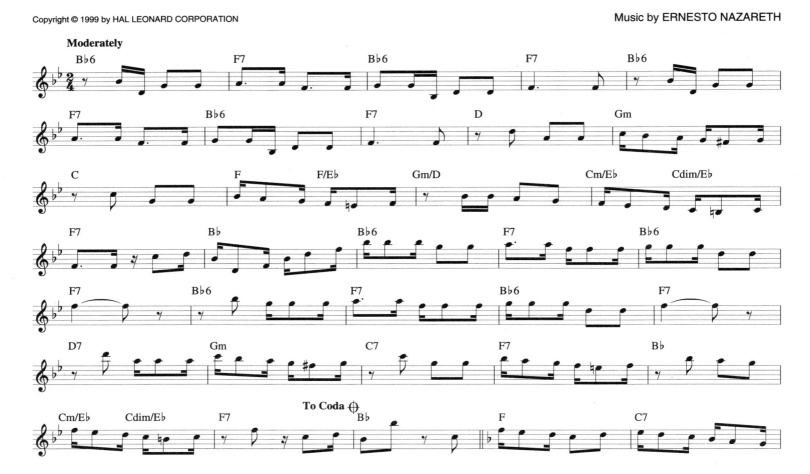

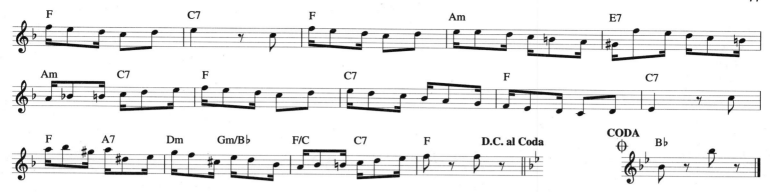

BRUCA MANIGUÁ

Words and Music by
ARSENIO RODRÍGUEZ

CACHITA

Words and Music by RAFAEL HERNÁNDEZ
and BERNARDO SANCRISTOBAL

CAMBIOS

By DAVID TORRES

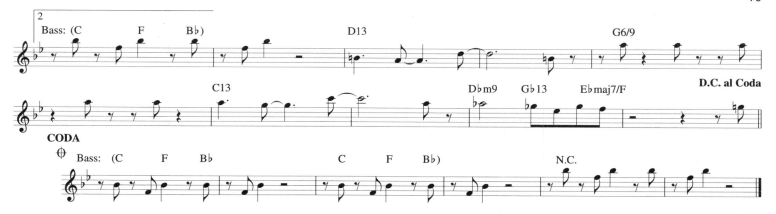

CAMINO DE GUANAJUATO

Words and Music by
JOSE ALFREDO JIMENEZ

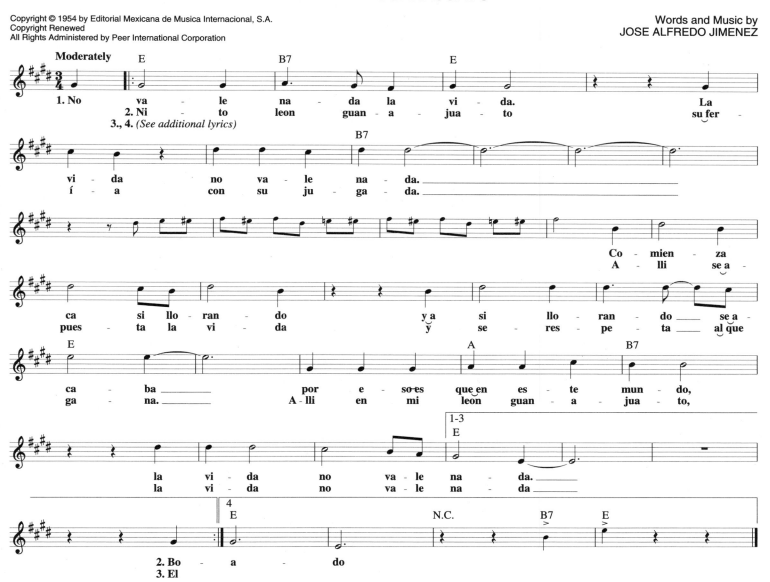

Additional Lyrics

3. El Cristo de la montana
   Cel cerro del Cubilete
   Consuelo do los que sufren
   Adoracion de las gentes
   El Cristo de la montana
   Del cerro del Cubilete.

4. Camino de Santa Rosa
   La sierra de Guanajuato
   Alli nomas tras lomita
   Se ve Dolores Hidalgo
   Yo alli me quedo paisano
   Alli es mi pueblos adorado.

CANCION DEL ALMA

Words and Music by
RAFAEL HERNÁNDEZ

Moderately

Yo sé que tú com - pren - des ____ la pe - na que hay en mí, que es-tan - do yo a tu

la - do ____ se a - ca - ba mi su - frir. ____ Se - rás lo que tú

quie - ras, ____ la cul - pa tú ten - drás, pe - ro mi al - ma te es -

pe - ra, ____ te es - pe - ra u - na vez más. Yo sé que tú com -

mas. ____ (Instrumental)

No sé co-mo he po -

di - do es - tar ____ tan - to tiem - po le - jos de ti, ____ no sé co-mo he po -

di - do es - pe - rar ____ y sa - ber ____ re - sis - tir. ____ Yo vi - vo, tú lo

sa - bes, de - ses - pe - ra - da y tris - te ____ y des - de que te

fuis - te ____ no sé lo que es vi - vir. vir. ____

____ No sé lo que es vi - vir, sin ti.

CANTO KARABALÍ

By ERNESTO LECUONA

CAPTAIN MARVEL

Music by CHICK COREA

CAPULLITO DE ALELÍ

Words and Music by
RAFAEL HERNÁNDEZ

CAMPANITAS DE CRISTAL
(Canción Bolero)

Words and Music by
RAFAEL HERNÁNDEZ

CASTIGAME

Words and Music by RAFAEL P. BOTIJA,
AENRI QUETA and RAMOS NUNEZ

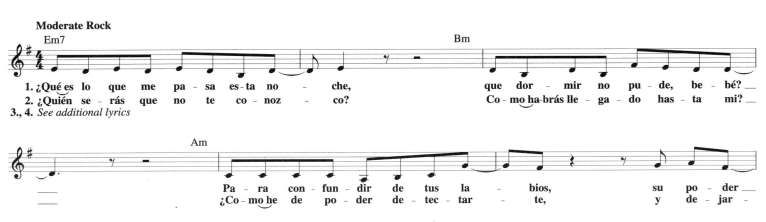

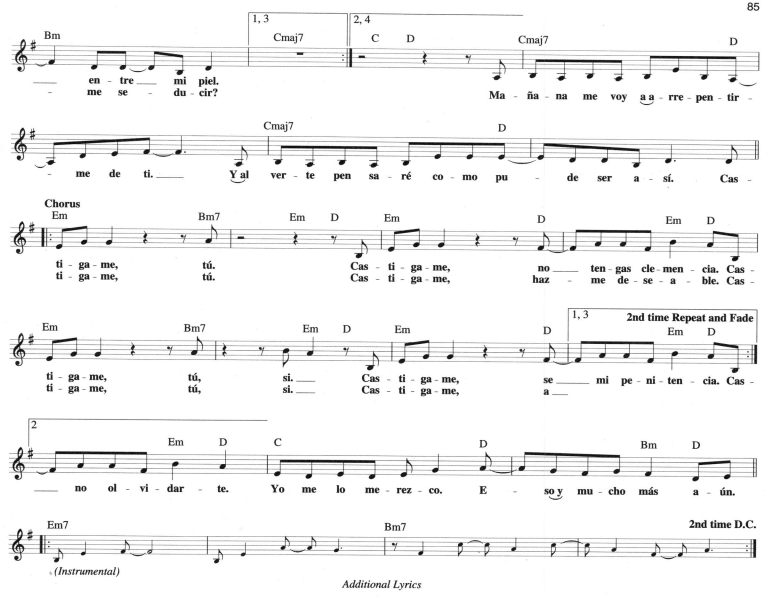

en - tre ___ mi piel.
- me se - du - cir?

Ma - ña - na me voy a a - rre - pen - tir -

- me de ti. ___ Y al ver - te pen sa - ré co - mo pu - de ser a - sí. Cas -

Chorus

ti - ga - me, tú. Cas - ti - ga - me, no ___ ten - gas cle - men - cia. Cas -
ti - ga - me, tú. Cas - ti - ga - me, haz ___ me de - se - a - ble. Cas -

2nd time Repeat and Fade

ti - ga - me, tú, si. ___ Cas - ti - ga - me, se ___ mi pe - ni - ten - cia. Cas -
ti - ga - me, tú, si. ___ Cas - ti - ga - me, a ___

___ no ol - vi - dar - te. Yo me lo me - rez - co. E - so y mu - cho más a - ún.

(Instrumental)

2nd time D.C.

Additional Lyrics

3. ¿Qué es lo que me pasa esta noche?
¿Qué locura me hizo caer?
Hasta permitir que me lleves,
Com un barco de papel.

4. ¿Quién seras que todo lo vences,
Y haces lo que quieres de mi?
¿Cómo habra podido entregarme,
Simplemente por decir?

Bridge: Mañana yo me haré por supuesto,
Al verme pensaré. ¿Cómo pude ser de esto?
Chorus

CAT TALK

By JESSE DAVIS

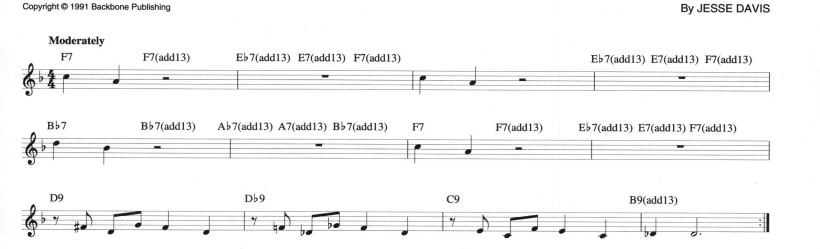

CATALINA LA O

Words and Music by
JOHNNY ORTIZ

(213) CHA CHA CHÁ

By DAVID TORRES

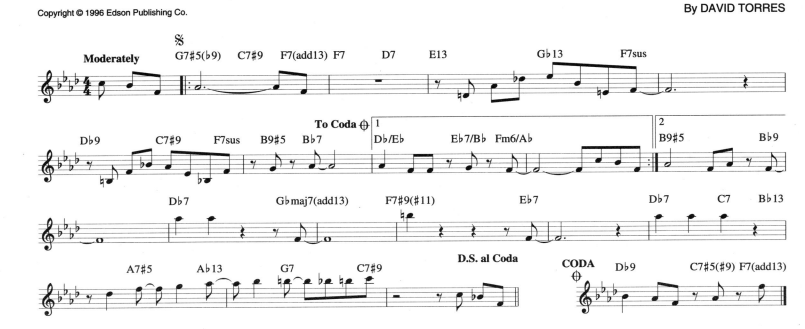

CHANGÜIRÍ

**Words and Music by
LUIGI TEXIDOR**

CHANKO

By DAVID TORRES

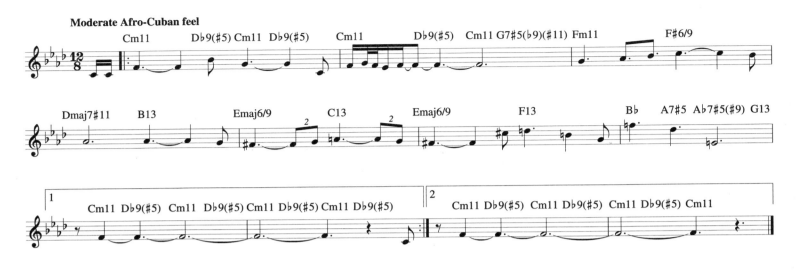

CHEGA DE SAUDADE
(No More Blues)

English Lyric by JON HENDRICKS
and JESSIE CAVANAUGH
Original Text by VINICIUS DE MORAES
Music by ANTONIO CARLOS JOBIM

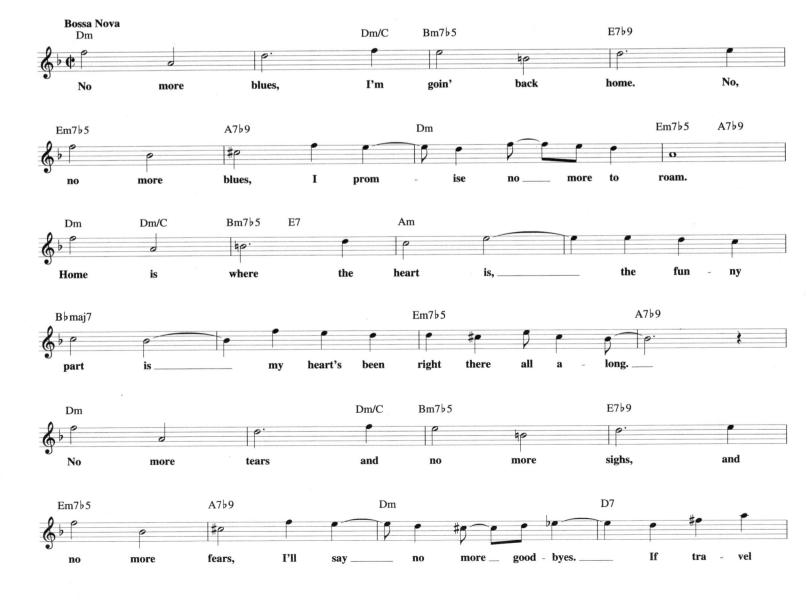

CHE CHE COLE

Words and Music by
WILLIE COLÓN

Moderately fast

Ven - gan to - dos a bai - lar al es - ti - lo a - fri - ca - no.
Si no lo sa - bes bai - lar yo te en - se - ña - ré mi her - ma - no.
(See additional lyrics)

A tí te _____ gus - ta la bom - ba y te gus - ta el ba - qui - né.
Pa - ra que _____ bai - les a - ho - ra _____ a - fri - ca - no

el bem - bé. Che - che co - lé (que - bue - no es) Che - che co - fi - sa (muer-

- to de la ri - sa) co - fi - sa lan - ga (A - hí vie - ne la ma - lan - ga). Ca - ca chi nan - ga. (Vie-

- ne de Ca - tan - ga.) de de _____ (Ha - ber ve _____ tú lo ve) che-

(Ha - ber ve _____ tú lo ve)

Additional Lyrics

Ya yo sé que te gustó
Quieres bailar otra vez
Bailalo en la punta del pie
Y verás que bueno es

Ya yo sé que te gustó
Quieres bailarlo otra vez
Pues ponte bien los zapatos
Que los tienes al revés

CHERRY PINK AND APPLE BLOSSOM WHITE
from UNDERWATER

French Words by JACQUES LARUE
English Words by MACK DAVID
Music by LOUIGUY

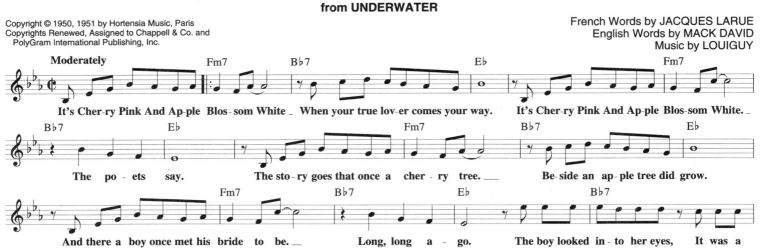

Moderately

It's Cher - ry Pink And Ap - ple Blos - som White _____ When your true lov - er comes your way. It's Cher - ry Pink And Ap - ple Blos - som White. _____

The po - ets say. The sto - ry goes that once a cher - ry tree. _____ Be - side an ap - ple tree did grow.

And there a boy once met his bride to be. _____ Long, long a - go. The boy looked in - to her eyes, It was a

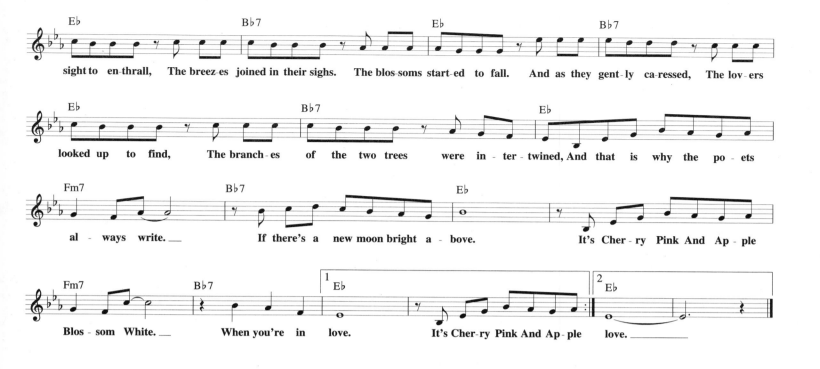

sight to en-thrall, The breez-es joined in their sighs. The blos-soms start-ed to fall. And as they gent-ly ca-ressed, The lov-ers

looked up to find, The branch-es of the two trees were in - ter - twined, And that is why the po - ets

al - ways write. ___ If there's a new moon bright a - bove. It's Cher - ry Pink And Ap - ple

Blos - som White. ___ When you're in love. It's Cher - ry Pink And Ap - ple love. _____

CHIAPANECAS

Traditional

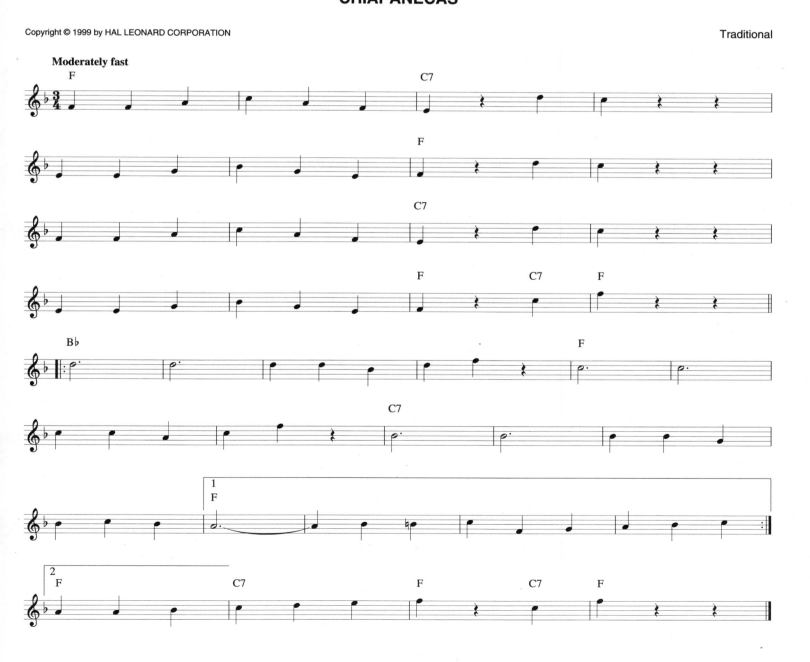

CIELITO LINDO
(My Pretty Darling)

By C. FERNANDEZ

CLAVELITOS

English Lyrics by MARJORIE HARPER
Music and Spanish Lyrics by ESTIC
and J. VALVERDE

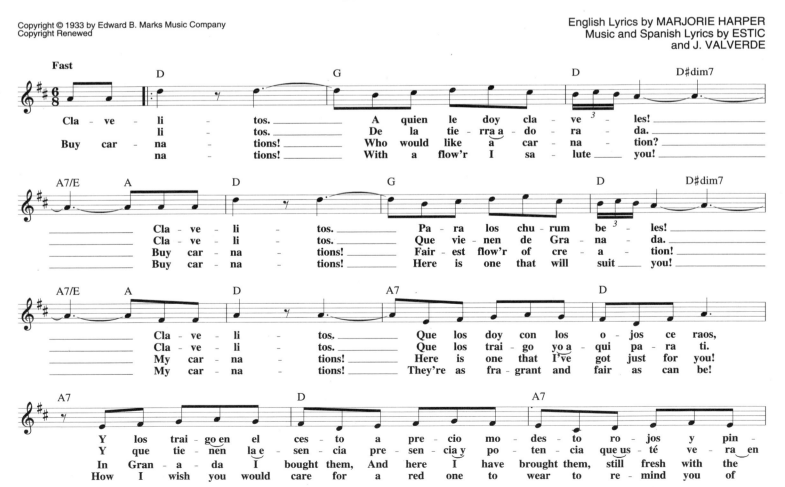

CINCO ROBLES
(Five Oaks)

Words by LARRY SULLIVAN
Music by DOROTHY WRIGHT

Cin-co Ro-bles, cin-co cer-ros, my sweet-heart Five oaks and five hills a-way. Cin-co Ro-bles, cin-co cer-ros, my lov-er. Five hills to trav-el to-day. One hill I'll think of your laugh-ter. One hill your cour-age in pain. One for your {beau-ty kind-ness} and one for your smile. And the last hill to hold you a-gain. Cin-co Ro-bles, cin-co cer-ros, my dar-ling, Five oaks and five hills a-part. Cin-co Ro-bles, cin-co cer-ros. I'll count them As each brings me near-er your heart. Cin-co heart.

131

COCINANDO

Words and Music by
RAY BARRETTO

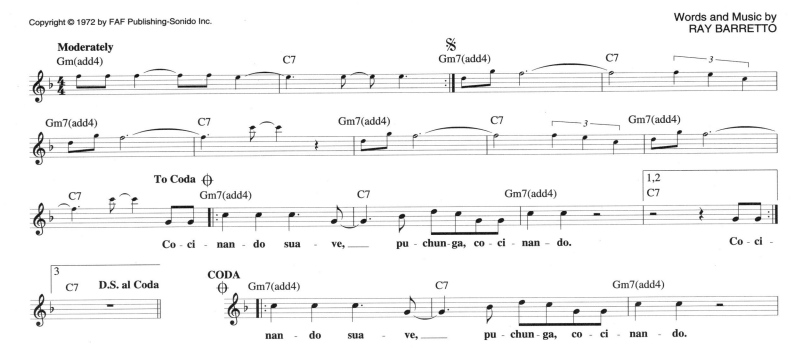

Co-ci-nan-do sua-ve, pu-chun-ga, co-ci-nan-do. Co-ci-nan-do sua-ve, pu-chun-ga, co-ci-nan-do.

COMO LA FLOR

Words and Music by A.B. QUINTANILLA III
and PETE ASTUDILLO

COMO UN DIA DE DOMINGO
(Um Dia De Domingo)

By MICHAEL SULLIVAN and PAULO MASSADAS
Spanish Lyrics by DENISE DE KALAFE

Lyrics

Es preciso conversar
Encuentrar cualquier momento
Y decirmos la verdad
Para empezar juntos de nuevo

Yo preciso respirar
Lo mismo aire que respiras
Y en mi piel quiero sentir
El mismo sol que te ilumina
Yo preciso conquistar cada espacio de tu cuerpo
Y compartir lo mismo sueño

Ya no quiero mas sangrar
Un sentimiento tan bonito
Yo preciso revivir
La emocion de estar contigo
Junto a ti amanecer
Y ver la vida florecer
Como un dia de domingo

Hace cuenta que aun es ciedo
Deja por las manos de la emocion
Hace cuenta que aun es ciedo
Deja hablar a ti la voz del corazón

CONGOJA

Words and Music by RAFAEL HERNÁNDEZ
and BERNARDO SANCRISTOBAL

COMPADRE PEDRO JUAN

Words and Music by
LUIS ALBERTI

CON TU AMOR
(With Your Love)

Words and Music by
JUAN GABRIEL

Has-ta que lle-gas - te, se fue-ron mis pe - nas. __

Y con tu ca-ri - ño em-pe-cé ___ a ol-vi-dar ___ el do-lor. ___ Ab

Es-ta-ba so - la, tan so-la so-ña-

- ba. Ve-í-a en to-dos mis sue - ños que es-ta-bas tan le - Ab7

- jos de ___ mí. Has-ta que lle-gas - te, Db

mm, ___ se fue-ron mis pe - nas. __ Y con tu ca-ri - ño em-pe-cé __ Ab Eb7

___ a ol-vi-dar, __ ol-vi-dar, __ ol-vi-dar __ el do-lor. ___ Con tu a-mor __ Ab

___ mor se fue-ron mis pe - nas. Y lle-gó ___ Ab Eb7 Bbm7

la fe-li-ci-dad. ___ Gra-cias e tí ___ no sien-to tris- Eb7 Ab Ab7

te - za, ___ ni do-lor ___ so-lo soy fe-liz. ___ Db Dbm Ab Eb7

1 Ab

2 Ab Bbm7/Eb D.S. 3 Ab
Pe - ro con tu a-

THE CONSTANT RAIN
(Chove Chuva)

Original Words and Music by JORGE BEN
English Words by NORMAN GIMBEL

CONTIGO APRENDÍ

Words and Music by
ARMANDO MANZANERO CANCHE

CONTIGO EN LA DISTANCIA

Words and Music by
CÉSAR PORTILLO DE LA LUZ

COPACABANA
(At The Copa)

Words by BRUCE SUSSMAN and JACK FELDMAN
Music by BARRY MANILOW

Moderately, with a Latin feel

Her name was Lo - la; __ she was a show - girl __ with yel - low feath - ers in her hair and a
Ri - co; __ he wore a dia - mond, __ he was es - cort - ed to his chair, he saw
Lo - la; __ she was a show - girl, __ but that was thir - ty years a - go when they

dress cut down to there. She would Mer - en - gue __ and do the Cha - Cha, __ and while she
Lo - la danc - ing there. And when she fin - ished, __ he called her o - ver. __ But Ri - co
used to have a show. Now it's a Dis - co, __ but not for Lo - la. __ Still in the

tried to be a star, To - ny al - ways tend - ed bar. A - cross the crowd - ed __ floor they worked from
went a bit too far, To - ny sailed a - cross the bar. And then the punch - es __ flew and chairs were
dress she used to wear, fad - ed feath - ers in her hair. She sits there so re - fined and drinks her -

eight to __ four. They were young and they had each oth - er, who could ask for more?
smashed in __ two. There was blood and a sin - gle gun - shot, but just who shot who? } At the
self half blind. She lost her youth and she lost her To - ny, now she's lost her mind!

Co - pa, __ Co - pa - ca - ba - na, __ the hot - test __ spot north of __ Ha - va - na. __ At the

Co - pa, __ Co - pa - ca - ba - na, __ mu - sic __ and pas - sion __ were al - ways __ the fash - ion, at the

To Coda

Co - pa __ {they fell in love, / she lost her love,} Love, __ Co - pa - ca - ba - na. __

1

2 **Interlude:**

His name was Co - pa, __ Co - pa - ca - ba - na, __ Co - pa - ca -

ba - na, __ mu - sic __ and pas - sion, __ al - ways __ in fash - ion. *(Instrumental)*

CODA

D.S. al Coda

Her name was __ don't __ fall in

love, don't fall in love.
Co - pa __ Co - pa - ca - ba - na, __ Co - pa - ca - na. __

COPLAS GUAJIRAS
(Guitarra Guajira)

Words and Music by
AUGUSTIN LARA

Moderately fast

1. U - na vez ro - bé un lu - ce - ro de lo al - to de un mon - te blan - co.
2. *(See additional lyrics)*

U - na vez ro - bé un lu - ce - ro de lo al - to de un mon - te blan - co.

Se lo re - ga - lé a la no - che pa - ra en - ri - que - cer su man - to.

So lo re - ga - lé a la no - che pa - ra en - ri - que - cer su man - to.

tú no me mi - ra - bas. Can - ta gui - tar - ra he - chi - ce - ra.

Can - ta gui - tar - ra gua - ji - ra. Siem - pre que me hab - las de a - mor - es me cuen - tas u - na men -

ti - ra. Can - ta gui - tar - ra he - chi - ce - ra. Can - ta gui - tar - ra gua - ji - ra.

- ra.

Additional Lyrics

2. Otra vez robé a los lagos
La claridad de sus aguas
Otra vez robé a los lagos
La claridad de sus aguas.

Se la regalé a tus ojos
Pero tú no me mirabas.
Se la regalé a tus ojos
Pero tú no me mirabas.

CORACAO APAIXONADO

By FERNANDO ADOUR
and RICARDO MAGNO

CORAZÓN CORAZÓN

Words and Music by
JOSE MA. NAPOLEON

Additional Lyrics

2. Donde vayas he de ir contigo, amor.
Si una mano necesitas dos tendré,
Y si sufres una pena,
Una pena sufriré.
Cuando rías a tu lado reiré.
Chorus

3. Cuando nos quedemos solos otra vez,
Porque tengan nuestros hijos que crecer.
Tal vez yo te invite al cine.
Y en lo oscuro como ayer,
Algun beso en la mejilla te daré.
Chorus (Coda)

CORAZÓN NO LLORES

Words and Music by
RAFAEL HERNÁNDEZ

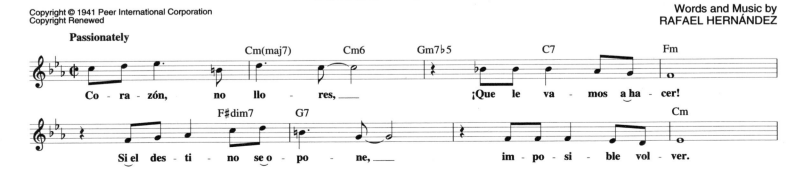

COSAS DEL CORAZÓN
(Coisas Do Coracao)

By EDUARDO LAGES and PAULO SERGIO VALLE
Spanish Lyrics by ROBERTO LIVI

Moderately

Lyrics

Yo te quiero de verdad
Y repito una y otra vez
Que te amo y siempre te amare
Ahora y despues

Cuanto tiempo ya no sé
No sé me dien tiempo o una pasion
Más te siento cada dia
Más aqui en mi corazón

Cuantas cosas de los dos
Era dichas casi sin hablar
De repiente un gesto y nada más
Dice te amo

Y sin nada prometer
Nos amamos sin querber saber
Si es paison
O si es un gran amor
Lo que sentimos hoy

Puede ser amor, puede ser pasion
Puede haver talvez otra explicacion
Yo sé que quiero verte aqui
Siempre a mi lado

Puede ser amor, puede ser pasion
Para que buscar otra explicacion
Mi amor porque querer saber
Cosas del corazón

CUANDO TÚ NO ESTÁS

Lyrics by ALFREDO LE PERA
and MARIO BATTISTELLA
Music by CARLOS GARDEL
and MARCEL LATTES

CU-CU-RRU-CU-CU PALOMA

Words and Music by
THOMAS MENDEZ SOSA

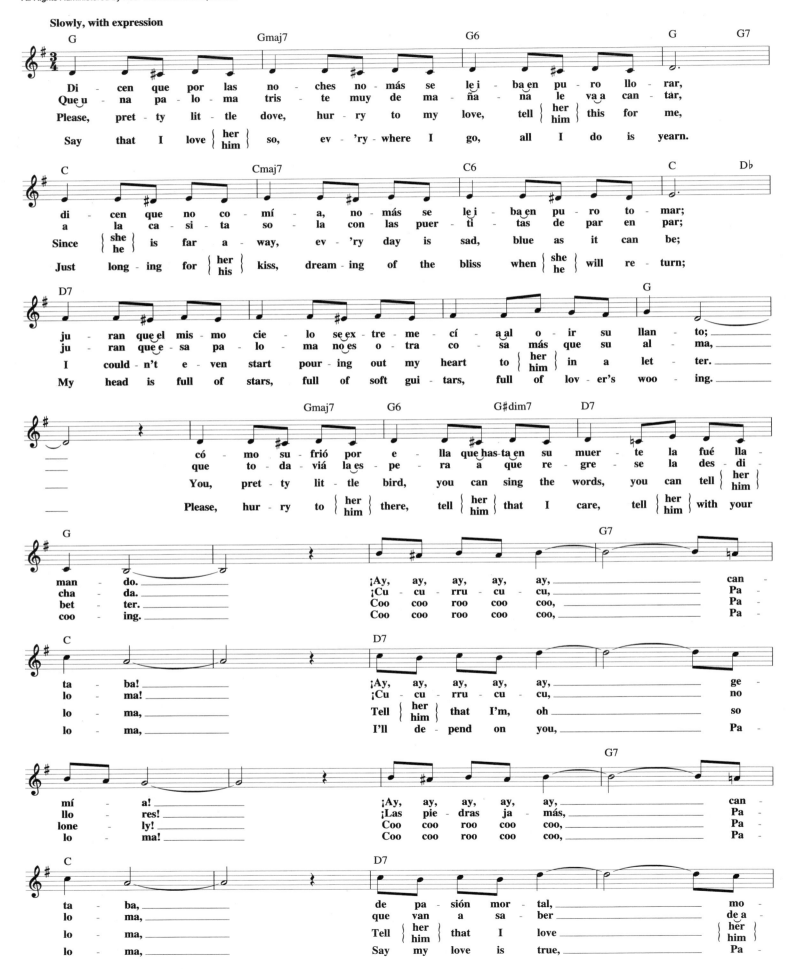

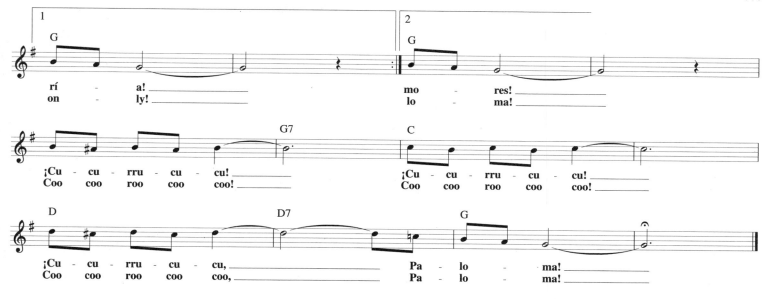

rí - a! _____ mo - res! _____
on - ly! _____ lo - ma! _____

¡Cu - cu - rru - cu - cu! _____ ¡Cu - cu - rru - cu - cu! _____
Coo coo roo coo coo! _____ Coo coo roo coo coo! _____

¡Cu - cu - rru - cu - cu, _____ Pa - lo - ma! _____
Coo coo roo coo coo, _____ Pa - lo - ma! _____

COSTUMBRES

Words and Music by
JUAN GABRIEL

Moderately slow

Há - bla - me de ti cuén - ta - me _____ de tu vi - da.

Sa - bes tú muy bien que yo estoy _____ con - ven - ci - da. Sé que tú

pue - des aun - que in - ten - tes ol - vi - dar - me. Siem - pre vol - ve - rás

u - na y o - tra vez; u - na y o - tra vez siem - pre vol - ver -

rás. Aun - qué ya no sien - tes más a - mor por mi so - lo ren - cor, ___

yo tam - po - co ten - go na - da que sen - tir y e - so es pe - or,

pe - ro te ex - tra - ño tam - bién te ex - tra - ño. No ca - be

du - da que es ver - dad que la cos - tum - bre es más fuer - te que el a - mor.

CUANDO VIVAS CONMIGO

Words and Music by
JOSE ALFREDO JIMENEZ

CUANTO LE GUSTA

Original Words and Music by GABRIEL RUIZ
English Words by RAY GILBERT

CUBAN LULLABY

Words and Music by DON MARIO ALVAREZ
and MARION SUNSHINE

CUESTA ABAJO

Lyrics by ALFREDO LE PERA
Music by CARLOS GARDEL

Tango

Si a - rras - tré por es - te mun - do la ver - güen - za de ha - ber si - do y el do - lor de ya no

See additional lyrics

ser. Ba - jo el a - la del som - bre - ro cuan - tas ve - ces em - bo -

za - da u - na lá - gri - ma a so - ma - da yo no pu - de con - te - ner.

Si cru - cé por los ca - mi - nos co - mo un pa - ria que el des - ti - no se em - pe - ño en des - ha -

cer, si fuí flo - jo si fuí cie - go so - lo quie - ro que hoy com -

pren - dan el va - lor que re - pre - sen - ta el co - ra - je de que - rer.

E - ra, pa - ra mi la vi - da en - te - ra co - mo un sol de pri - ma -

ve - ra mi es - pe - ran - za y mi pa - sión. Sa - bía, que en el mun - do no ca -

bía to - da la hu - mil - de a - le - grí - a de mi po - bre co - ra - zón.

Aho - ra, cues - ta a - ba - jo en mi ro - da - da las i - lu - sio - nes pa -

sa - das yo no las pue - do a - rran - car. Sue - ño, con el pa - sa - do que a -

ño - ro el tiem - po vie - jo que llo - ro y que nun - ca vol - ve - rá.

1. E
2. E

rá.

Additional Lyrics

Por seguir tras de su huella
Yo bebí incansablemente
En mi copa de dolor,
Pero nadie comprendía
Que si todo yo lo daba
En cada vuelta dejaba
Pedazos de corazón.
Ahora triste en la pendiente
Solitario y ya vencido
Yo me quiero confesar,
Si aquella boca mentía
El amor que me ofrecía
Por aquellos ojos brujos
Yo habría dado siempre más.
(Repetición del refrán:)

CUMANA

Words by HAROLD SPINA
and ROC HILLMAN
Music by BARCLAY ALLEN

Cu-ma-ná, Cu-ma ná, on the coast of Ven - e-zu-e-la. Cu-ma-ná, Cu-ma-ná, ev'ry night ex-cit - ing and ga - la. Cu-ma-

na, Cu-ma-ná, bon-go drums keep pound-ing, re-sound-ing. When I hear that na-tive mu-sic start, hear that trop-ic rhy-thm in my heart,

We can nev - er, nev-er, be a part. I got-ta go to Cu - ma - ná. Bumm bumm bon - go, zing zang zon - go.

Boom chee boom chee boom chee boom chee boom chee bo-o-o-om chee! Bumm bumm bon - go, zing zang zon - go.

Boom chee boom chee boom chee boom chee boom chee boom! Chee! Beat-ing, re-peat-ing and call-ing to me. Cu-ma-ná, Cu-ma-ná, on the

coast of Ven - e-zu-e - la. Cu-ma - ná, Cu-ma-ná, ev'-ry night ex-cit - ing and ga - la. Cu-ma - ná, Cu-ma-ná, bon-go

drums keep pound - ing, re-sound-ing. When I hear that na-tive mu - sic start, hear that trop - ic rhy-thm in my heart,

we can nev - er, nev-er, be a-part. I got-ta go to Cu - ma - ná. Cu-ma - ná. Got-ta

go got-ta go got-ta go got-ta go got-ta go got-ta go got-ta go to Cu - ma - ná!

THE CUP OF LIFE
The Official Song Of The World Cup, France '98

Words and Music by DESMOND CHILD
and ROBI ROSA

The cup of life, this is the one. Now is the time, don't
The cup of life. It's do or die. It's here, it's now, turn

ev - er stop. Push it a - long, got - ta be strong.
up the lights. Push it a - long then let it roll.

CURVES AHEAD

By RUSS FREEMAN

DAME UN CACHITO PA' HUELÉ

Words and Music by
ARSENIO RODRIGUEZ

A DAY IN THE LIFE OF A FOOL
(Manha De Carnaval)

Words by CARL SIGMAN
Music by LUIZ BONFA

DAMISELA ENCANTADORA

Music and Spanish Lyric by
ERNESTO LECUONA

DE CORAZÓN A CORAZÓN

By BEBU SILVETTI and
ROBERTO LIVI

Lyrics

1. Tu y yo solo tu y yo
Una noche acompanandonos
Tu y yo solo tu y yo
La luna acariciandonos
Corazón, corazón
Dos latidos con un mismo amor
Junto a ti, junto a mi
Ese amor esta diciendo si

   Por que en la vida no hay nada mejor
   Que estar enamorados sitiendo el calor
   De un beso que nos damos con toda pasion
   Y un mundo de emocion
   Por que en la vida no hay nada mejor
   Que cuando estamos juntos solitos los dos
   Que cuando murmupanos palabras de amor
   De corazón a corazón

2. Tu y yo solo tu y yo
Besando y abrazandonos
Tu y yo solo tu y yo
Y un yo solo tu y yo
Y un fuego consumiendonos
Corazón, corazón
Dos latidos con mismo amor
Junto a ti, junto a mi
Ese amor esta diciendo si

DE MI ENAMORARTE

Words and Music by
ALBERTO AGUILERA VALADEZ

DE NIÑA A MUJER

Words and Music by JULIO IGLESIAS,
TONY RENIS and RAMON ARCUSA

A DEEPER SHADE OF SOUL

Words and Music by
RAY BARRETTO

DENGOZO

Music by ERNESTO NAZARETH

DERECHO VIEJO

By EDUARDO AROLAS

DESCARGA FANIA

Words and Music by
RAY BARRETTO

DESAFINADO
(Off Key)

English Lyric by GENE LEES
Original Text by NEWTON MENDONCA
Music by ANTONIO CARLOS JOBIM

DESENCUENTRO

Words and Music by
MARIO CLAVELL

Si te hu - bie - ra en - con - tra - do en mi ca - mi - no mu - cho an - tes de a - ho - ra, mu - cho mas, hu - bie - ra si - do o - tro mi des - ti - no, hu - bie - ra si - do o - tra mi ver - dad. ¡De - sen - cuen - tro del al - ma que me a - le - ja de tí! ¡Yo no su - pe que es - ta - bas en el mun - do ya - sí! que so - ña - bas lo mis - mo que yo siem - pre so - ñé, que a - ma - bas sim - ples co - sas que yo quie - ro tam - bién. En mi vi - da el des - ti - no u - na sen - da mar - có. Tú no vie - nes con - mi - go ya - sí va - mos los dos. ¡De - sen - cuen - tro del al - ma que te a - le - ja de mí! ¡O - ja - lá yo me ol - vi - de de tí! De - sen - lá yo me ol - vi - de de tí.

DESPUÉS DE TI

Words and Music by JULIO IGLESIAS,
RAMON ARCUSA and MANUEL DA LA CALVA

Des - pués de ti no en - con - tra - ré quién me com -
mi se que di - rán que has en - con -

DESVELO DE AMOR

Words and Music by
RAFAEL HERNANDEZ

DIEZ AÑOS

Words and Music by
RAFAEL HERNÁNDEZ

DICEN POR AHÍ

Words and Music by ENRIQUE IGLESIAS,
RAFAEL PEREZ BOTIJA and MARIO MARTINELLI

A DIFFERENT SHADE OF BLACK

By LOUIE RAMÍREZ

DINDI

Music by ANTONIO CARLOS JOBIM
Portuguese Lyrics by ALOYSIO DE OLIVEIRA
English Lyrics by RAY GILBERT

DON QUIXOTE

Words and Music by MILTON NASCIMENTO
and CESAR CAMARGO MARIANO

Additional Lyrics

3. Coração de ator, de bailarino, do som, do seu cantor.
   Tem atrás mil pessoas, mão de obra e suor.
   Tem mulher, tem amigo, tem menino, tem cor de multidão,
   tem o vento que sopra no destino um sabor que manda seguir!
   Que deixa ele ir.

DOM DE ILUDIR

Words and Music by
CAETANO VELOSO

DON'T EVER GO AWAY
(Por Causa de Voce)

English Lyric by RAY GILBERT
Original Text by DOLORES DURAN
Music by ANTONIO CARLOS JOBIM

DULCE MIEL

By CLAUDIO RABELLO, RENATO CORREA
and CHRISTINA LARRAURA

DREAM TANGO
(Tango du rêve)

Original Words and Music by E.V. MALDEREN
English Lyrics by CAROL RAVEN

EL CHOCLO

Spanish Lyrics by FRANCIA LUBAN
English Lyrics by MARJORIE HARPER
Music by A.G. VILLOLDO

É

Words and Music by
LUIS GONZAGA JR.

EL CAZANGERO

Words and Music by
RUBÉN BLADES

ECHALE SALSITA

Words and Music by
IGNACIO PIÑEIRO

EL CUMBANCHERO

Words and Music by
RAFAEL HERNANDEZ

EL DÍA QUE ME QUIERAS

Lyrics by ALFREDO LE PERA
Music by CARLOS GARDEL

Additional Lyrics

El día que me quieras,
No habra más que armonias,
Será clara la aurora
Y alegre el manantial.
Traerá quieta la brisa
Rumor de melodías
Y nos darán las fuentes
Su canto de cristal.
El día me quieras
Endulzará sus cuerdas
El pájaro cantor,
Florecerá la vida,
¡No existirá el dolor!

EL DESTINO

Words and Music by
JUAN GABRIEL

EL HOMBRE ES COMO EL AUTO

Words and Music by
MARIO CLAVELL

Additional lyrics

2. Desde los veinte a los treinta
es auto que corre
con facilidad.
¡Hay que cuidarse en las curvas,
que a veces les falla
la estabilidad!
Desde los treinta a cuarenta
ya el auto se asienta
y responde mejor,
pero no olviden, por eso,
probarle los frenos
como precaución.
¡Y si el fallan, recuerdan,
que el freno de mano
es la solución!

3. De los cuarenta a cincuenta
ya empieza el arranque
a quererle fallar,
y es necesario llevarlo
al taller a arreglarlo
y para descansar.
De los cincuenta a sesenta
mejor ni sacarlo
cuando hace calor.
¡Hay que cambiar siempre el agua
tambien la correa
del ventilador!
Porque si no el pobrecito
se atora y se ahoga
enseguida el motor.

4. De los sesenta adelante
se pone elegante
para conquistar.
Es sólo carrocería,
mucha picardía
y puro "bla-bla".
Cuando no funde una biela,
le falla el embriague
o el carburador.
¡Ya está pasado el modelo
y no hay buen repuesto
para ese motor!
¡Debe tener cuidadito
y andar despacito
sin gran pretensión!

EL MEXICO QUE SE NOS FUE

Words and Music by
JUAN GABRIEL

EL JINETE

Words and Music by
JOSE ALFREDO JIMENEZ

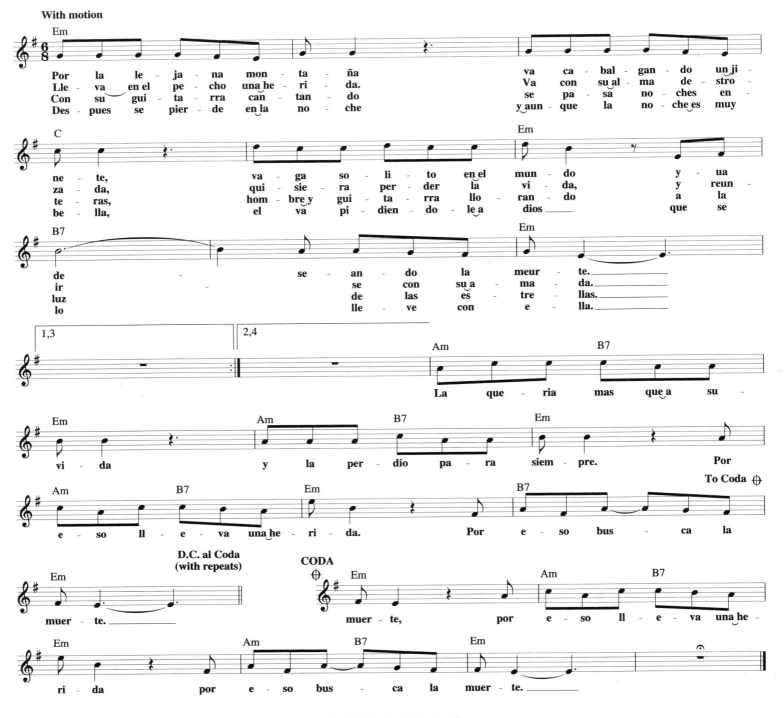

EL TORO RELAJO

Words and Music by
FELIPE BERMEJO

EL MALECON

Words and Music by LARRY HARLOW
and ISMAEL MIRANDA

EL RELICARIO
(Shrine Of Love)

English Words by CAROL RAVEN
Spanish Words by OLIVEROS y CASTELIVI
Music by JOSE PADILLA

Additional Lyrics

2. Era un Lunes Abrileño el toreaba y a verle fui.
Nunca lo hi cierra que a quella tarde,
De sentimien to crei morir.
Al dar un lance, Cayó en la arena,
Se sintióherido, Miró haciami.
Y un Relicario sacó del pecha,
Que yo enseguidu reconoci,
Cuando el Torero, caia inerte,
En su delirio decia asi:
To Chorus

2. Wind blew on the arena when first we met, I remember yet.
Your fight was brave to see, but fear was over me.
Wind was your enemy my Toreador!
Your cape upflying, I saw you lying.
I saw you dying, my Matador.
Then in your dark eyes so deep and tender,
I seemed to recognize love's surrender.
And your last greeting, gently entreating,
Set my heart beating, as you said low:
To Chorus

EL TRISTE

Words and Music by
ROBERTO CANTORAL

EL REY

Words and Music by
JOSE ALFREDO JIMENEZ

ELENA, ELENA

Words and Music by
MANUEL JIMÉNEZ

EL TUMBAO Y CELIA

Words and Music by
JOHNNY PACHECO

ELLA

Words and Music by
MARIO CLAVELL

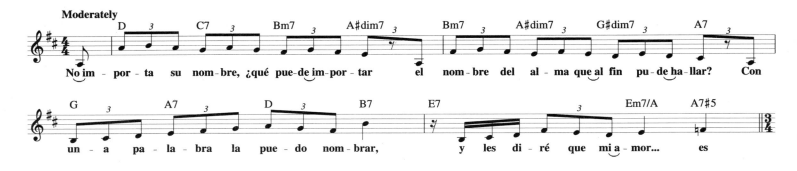

ENAMORADO DE TI

Words and Music by
RAFAEL HERNÁNDEZ

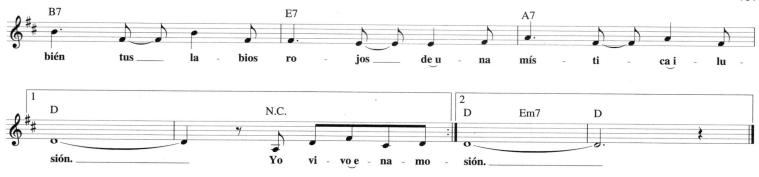

bién tus ___ la - bios ro - jos ___ de u - na mís - ti - ca i - lu -
sión. ___ | Yo vi - vo e - na - mo - | sión. ___

THE END OF A LOVE AFFAIR

Words and Music by
EDWARD C. REDDING

So I walk a lit - tle too fast, and I drive a lit - tle too fast, and I'm
talk a lit - tle too much, and I laugh a lit - tle too much, and my

reck - less, it's true, but what else can you do, at The End Of A Love Af - fair? So I
voice is too loud, when I'm out in a crowd, so that peo - ple are apt to

stare. Do they know, do they care, that it's on - ly that I'm lone - ly and low as can be? And the

199

smile on my face is - n't real - ly a smile at all! ___ So I smoke a lit - tle too

much, and I drink a lit - tle too much, and the tunes I re - quest are not al - ways the best, but the

ones where the trum - pets blare! So I go at a mad - den - ing pace, and I pre - tend that it's tak - ing {her / his}

To Coda ⊕

D.S. al Coda
(with repeat)

place but what else can you do, at The End Of A Love Af - fair? So I

CODA
⊕

fair? ___

ESA MUJER

Words and Music by JULIO IGLESIAS,
RAFAEL FERRO and F. MARTINEZ

Additional Lyrics

2. **Esa mujer que me sepa entender**
   no le importe saber quien pasó por mi vida
   esa mujer que me va a enloquecer
   a quien yo voy a hacer mas feliz cada dià
   Esa mujer como puedo explicar
   que pudiendo ganar a menudo se rinda
   esa mujer que me quiera querer
   y acompañe mi vida
   Chorus

ESA TRISTE GUITARRA

Words and Music by MANUEL ALEJANDRO
and ANA MAGDALENA

Additional Lyrics

3. Si un dia la lluvia acaricia tu cuerpo,
No es agua, mi amor, son tan solo mis besos.

4. Si el sol en la calle calienta tu cara,
Son rayos de amor que me salen del alma.
To Bridge

ESCÁNDALO

Music by RUBEN FUENTES
Words by RAFAEL CARDENAS

ESPAÑA CANI
(Paso Doble)

By PASCUAL MARQUINA

165

ESPERANZA

Words and Music by ENRIQUE IGLESIAS
and CHEIN GARCIA ALONSO

ESTA NOCHE VOY A VERLA

Words and Music by
JUAN GABRIEL

ESTATE

Music by BRUNO MARTINO
Lyrics by BRUNO BRIGHETTI

ESTOY COMO NUNCA

Words and Music by
DON RAYMAT

ESTOY SENTADO AQUI

By CESAR ROSAS

ESTRELLAS DE FANIA

Words and Music by C. CURET ALONSO
and JOHNNY PACHECO

(Instrumental)

Additional Lyrics

3. Adelante caballero,
   Digo pa' lante y no pa' tras
   Porque yo soy el primero
   Yo si impero, camara.
   Chorus

4. Yo conozco a más de uno,
   Que por mi camino sigue
   Interpretando el montuno
   Estilo Conde Rodríguez.
   Chorus

5. Yo vengo de las Antillas
   Les canto de corazón.
   El sabor de Puerto Rico
   Me llamo Santos Colón.
   Chorus

ESTRELLITA
(Little Star)

Words and Music by
MANUAL M. PONCE

Lit - tle star who shines so bright in heav - en,_____ who
Es - tre - lli - ta del le - ja - no cie - lo,_____ Que

knows a - bout my love and sees my bro - ken heart, come and tell me if my
mi - ras mi do - lor que sa - bes mi su - frir, Ba - ja y di - me si me

dear one loves_____ me._____ Life is sad _____ and _____ des - o - late when
quie - re un po - co Por - que yo - no _____ pue - do sin

we _____ are a - part. _____ Oh, love - li - est star, _____ my
su a - more vi - vir. Tu e - res Oh - es - tre - lla! mi

bea - con of love, _____ you know that my life will soon ebb and end. _____ Come and
fa - ro de amor, _____ Tú sa - bes que pron - to he de mo - rir. Ba - ja y

tell me if my dear one loves _____ me. _____ Lit - tle star _ of _____ sil - ver in
di - me si me quie - re un po - co _____ Por - que yo - no _____ pue - do sin

heav - en a - bove. Lit - tle
su a - mor vi - vir. Es - tre

bove. _____
vir. _____

EVIL WAYS

Words and Music by
SONNY HENRY

Moderate Latin

1. You got to change your e - vil ways, ba - by, be - fore I start
2.,3. home, ba - by, my house is dark and my

lov - in' you. You got to change, _____ ba - by, and ev - 'ry word _ that I
thoughts are cold. You hang a - round, _____ ba - by, with Gene and Joan _ and a

say is true. You got me run - nin' and hid - in' all _____ o - ver town. _____ You got me
who knows who. I'm get - tin' tired _____ of wait - in' and fool - in' a - round. _____ I'll find some -

To Coda

sneak - in' and a - peep - in' and run - nin' me down. _____ } This can't go on.
bod - y that won't make me feel like a clown. _____ }

Lord _ knows, you got to

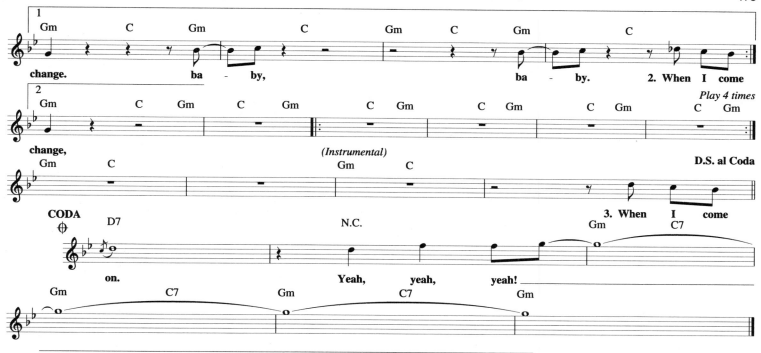

FAROLITO
(Lamp on the Corner)
from the Paramount Motion Picture TROPIC HOLIDAY

Words by NED WASHINGTON
Music by AGUSTIN LARA

FEELINGS
(¿Dime?)

English Words and Music by MORRIS ALBERT
and LOUIS GASTE
Spanish Words by THOMAS FUNDORA

FELIZ NAVIDAD

FLAMINGO

FLOR DE LIS
(Upside Down)

Words and Music by DJAVAN
English Lyric by REGINA WERNECK

FRENESÍ

Words and Music by
ALBERTO DOMINGUEZ

Moderate Latin

It was Fi-es-ta down in Mex-i-co, And so I stopped a-while to
Quie-ro que vi-vas só-lo pa-ra mí y que tú va-yas por don-

see the show, I knew that Fre-ne-sí meant "please love me"
de yo voy, pa-ra que mi al-ma sea no-más de ti,

And I could say Fre-ne-sí. A love-ly se-ño-ri-ta
bé-sa-me con fre-ne-sí. Da-me la luz que tie-ne

caught my eye, I stood en-chant-ed as she wan-der'd by,
tu mi-rar y la an-sie-dad que en-tre tus la-bios vi,

And nev-er know-ing that it came from me I gent-ly sighed Fre-ne-sí.
e-sa lo-cu-ra de vi-vir y a-mar, que es más que a-mor, fre-ne-sí.

She stopped and raised her eyes to mine, Her lips just plead-ed to be
Hay en el be-so que te dí, al-ma, pie-dad, co-ra-

kissed, Her eyes were soft as can-dle-shine, So how was I to re-
zón; di-me que sa-bes tu sen-tir, lo mis-mo que sien-to

sist? And now with-out a heart to call my own, A great-er hap-pi-ness I've
yo. Quie-ro que vi-vas só-lo pa-ra mí y que tú va-yas por don-

nev-er known Be-cause her kiss-es are for me a-lone,
de yo voy, pa-ra que mi al-ma sea no-más de tí,

1

Who would-n't say Fre-ne-sí. It was Fi-es-ta down in
bé-sa-me con fre-ne-sí. Quie-ro que vi-vas só-lo

2

si. who would-n't say Fre-ne-sí!
sí, bé-sa-me con fre-ne-sí.

FRIENDS

By CHICK COREA

Medium Latin

Repeat and Fade

THE GIFT!
(Recado Bossa Nova)

Music by DJALMA FERREIRA
Original Lyric by LUIZ ANTONIO
English Lyric by PAUL FRANCIS WEBSTER

Moderately, with a beat

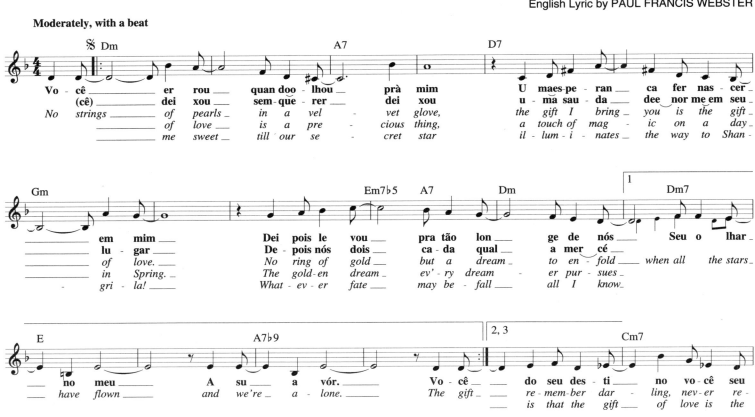

THE GIRL FROM IPANEMA
(Garôta De Ipanema)

Music by ANTONIO CARLOS JOBIM
English Words by NORMAN GIMBEL
Original Words by VINICIUS DE MORAES

GITANERIAS
(from the Spanish Suite ANDALUCIA)

By ERNESTO LECUONA

GOLONDRINAS

Lyrics by ALFREDO LE PERA
Music by CARLOS GARDEL

GRANADA

Spanish Words and Music by AGUSTIN LARA
English Words by DOROTHY DODD

GUANTANAMERA

Original lyrics and music by JOSE FERNANDEZ DIAZ (JOSEITO FERNANDEZ)
Music adaptation by PETE SEEGER
Lyric adaptation by HECTOR ANGULO, based on a poem by JOSE MARTI

GUADALAJARA

Words and Music by
PEPE GUIZAR

HABANERA
from CARMEN

By GEORGES BIZET

HASTA QUE TE CONOCI

Words and Music by
JUAN GABRIEL

HASTA QUE VUELVAS

Words and Music by MARIO A. RAMOS
and FELIPE BOJAGIL GARZA

HARD HANDS

Words and Music by
RAY BARRETTO

Moderate Mambo

Hard hands get your-self to - geth - er.

(Spoken:) 1. Express yourself to me now, baby.   Just let me feel your soul now.
(Spoken:) 2. The temperature is climbin' higher,   my heart is filled with one desire.

Your message comin' thru now, baby.   I don't know what to do now.
There's gonna be a big explosion.   Watch out his soul   has caught on fire.

Hard hands get your-self to - geth - er.

Repeat ad lib.

Conga solo

Mambo

Hard hands!   (Spoken:) Baby, baby.

HERMANDAD FANIA

Words and Music by RICARDO RAY
and BOBBY CRUZ

Moderately

So - mos las Es - tre - llas Fa - nia. _____   Gen - te de to - das las
                                                          Que a to - di - tos salu -

ra - zas. _____   Co - me - mos los mis - mos pla -
da - mos. _____   Ven - ga un a - bra - zo sin - ce -

¡HASTA SIEMPRE!
(No Te Digo Adiós)

Words and Music by
MARIO CLAVELL

HIMNO NACIONAL MEXICANO
(Mexican National Hymn)

Music by JAIME NUNO
Arranged by PAUL HILL

ñón, Y re-tiem-ble en sus cen-tros la tie - rra Al so-no-ro ru-gir del _ ca-

ñón, si. Ciña joh pa - tria! tus sie - nes de o-li - va De la paz _ el ar-cán - gel di-

vi - no, Que en el cie-lo tu e-ter-no des-ti - no, por el de _ do de Dios se es-cri-

bió. Mas-si o-sa - re un es-tra - ño e ne-mi - go Pro-fa - nar _ con su plan - ta tu

sue - lo Pien-sa joh pa - tria que ri - da! Que el cie - lo un sol-da-do en ca-da hi - jo te

dió Un sol - da-do en ca-da hi - jo te dió. Me-xi-

CODA
ñon, si.

HORAS Y MINUTOS

Words and Music by
PEPITO QUIROS

Moderately slow Bolero

1. Quie-ro es-tar a tu la - do las ho - ras _ y mi - nu - tos que mar-ca el re-
(2.) ho - ras que pa-so a tu la - do _ que te sien-to a mi al-re-de -
(3.) (See additional lyrics)

loj. Por que a - sí to - do el tiem - po es-ta - rí - a _ en un
dor son tan dul - ces que a ve - ces qui-sie - ra _ de - te -

mun - do que so - lo es a - mor. 2. E - sas
ner el tic-tac del re - loj Soy fe - liz al sen-tir tus ca -

ri - cias y mi - rar-me en tus o - jos mi a - mor. Pues me mi - ran y di-cen te

CODA
quie - ro y no mien-ten pues sin-ce - ro son. 3. Fue re - - loj.

Additional Lyrics

3. Fue regalo que me dio el destino
   Encontrar en mi vida tu amor,
   Ser feliz a tu lado
   Las horas y minutos que marca el reloj.

HEY

Words and Music by JULIO IGLESIAS,
GIANNI BELFIORE, M. BALDUCCI and RAMON ARCUSA

Additional Lyrics

3. Hey
Recuerdo que ganabas siempre tú
Que hacías de este triumfo una virtud
Yo era sombra y tu luz.

4. Hey
No sé si tú también recordarás
Que siempre que intentaba hacer la paz
Yo era un rio en tu mar.

HEY BUD

By DAVID TORRES

HOW INSENSITIVE
(Insensatez)

Music by ANTONIO CARLOS JOBIM
Original Words by VINICIUS DE MORAES
English Words by NORMAN GIMBEL

Portuguese Lyrics

A insensatez
Que você fez
Coração mais sem cuidado
Fez chorar de dôr
O seu amôr
Um amôr tão delicado
Ah! Porque você
Foi fraco assim
Assim tão desalmado
Ah! Meu coração
Que nunca amou
Não merece ser amado
Vai meu coração
Ouve a razão
Usa só sinceridade
Quem semeia vento
Diz a razão
Colhe tempestade
Vai meu coração
Pede perdão
Perdão apaixonado
Vai porque
Quem não
Pede perdão
Nao é nunca perdoado.

HOY QUE TE VAS

Lyrics by POUPEE
Music by MARIO CLAVELL

HURACAN

Words and Music by
C. CURET ALONSO

I GET IDEAS

Words by DORCAS COCHRAN
Music by JULIO C. SANDERS

IF YOU NEVER COME TO ME
(Inutil Paisagem)

Music by ANTONIO CARLOS JOBIM
Portuguese Lyrics by ALOYSIO DE OLIVEIRA
English Lyrics by RAY GILBERT

INDESTRUCTIBLE

Words and Music by RAY BARRETTO
and JOSEPH ROMAN

Moderately fast

(Instrumental)

Cuan-do en la vi - da se su - fre u - na he - ri - da, _____
por - que se pier - de _____ san - gre _____ que - ri - da. _____
En e - se mo - men - to _____ co - ge el des - ti - no en tu ma - no e -
- cha pa' lan - te mi her - ma - no _____ con la a - yu - da de nue - va san - gre. _____

Cuan-do en el al - ma se sien - te un _____ do - lor
por la trai - ción _____ que _____ te brin - de un _____ a - mi - go. _____

En e - se mo - men - to pien - sa que to - do es po - si - ble y _____
_____ con san - gre nue - va, es - tá la _____ fuer - za _____ in - des - truc - ti - ble.

Vocal ad lib.

Con san - gre nue - va _____ in - des - truc - ti - ble.

Play 4 times

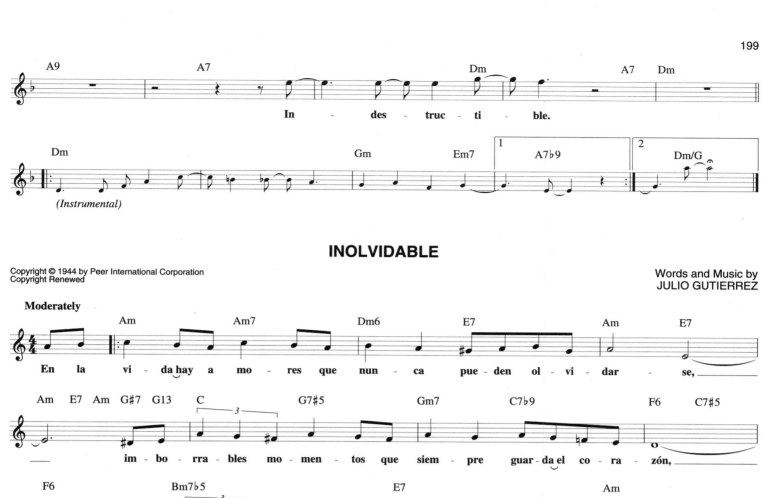

In - des - truc - ti - ble.

(Instrumental)

INOLVIDABLE

Words and Music by
JULIO GUTIERREZ

Moderately

En la vi - da hay a - mo - res que nun - ca pue - den ol - vi - dar - se,

im - bo - rra - bles mo - men - tos que siem - pre guar - da el co - ra - zón,

por - que a - que - llo que un dí - a nos hi - zo tem - blar de a - le - grí - a,

es men - ti - ra que hoy pue - da ol - vi - dar - se con un nue - vo a - mor. He be -

sa - do o - tras bo - cas bus - can - do nue - vas an - sie - da - des y o - tros

bra - zos ex - tra - ños me es - tre - chan lle - nos de e - mo - ción, pe - ro

só - lo con - si - guen ha - cer - me re - cor - dar los tu - yos, que i - nol - vi -

da - ble - men - te vi - vi - rán en mí.

En la - rán en mí.

IRRESISTIBLE

Music by LUIZ LOGATTI

IT'S IMPOSSIBLE
(Somos Novios)

English Lyric by SID WAYNE
Spanish Words and Music by ARMANDO MANZANERO

ISMS

By JESSE DAVIS

IT'S YOU

Written by DAVID SANBORN

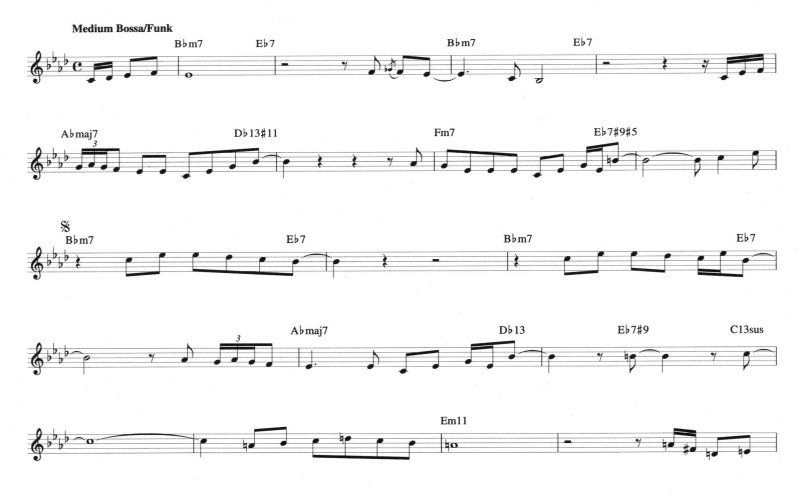

JINGO
(Jin–Go–Lo–Ba)

By MICHAEL OLATUNJI

JOE'S DONUT

By HENDRIK MEURKENS

JOGRAL

Words and Music by DJAVAN,
JOSE NETO and FILO

JUAN Y MARIA

Words and Music by
JUAN GABRIEL

JUANA PEÑA

Words and Music by WILLIE COLÓN
and HÉCTOR LAVOE

JUGANDO MAMÁ JUGANDO

Words and Music by
RAFAEL HERNÁNDEZ

JUVENTUD

By ERNESTO LECUONA

JUNTOS LOS DOS DANZA

By FRANCISCO J. NAVARRO

KISS OF FIRE

Words and Music by LESTER ALLEN
and ROBERT HILL
(Adapted from A.G. VILLOLDO)

Moderate tempo

I touch your lips and all at once the sparks go fly-ing. Those dev-il lips that know so well the art of

ly-ing, and tho' I see the dan-ger, still the flame grows high-er. I know I must sur-ren-der to your Kiss Of

Fire. ___ Just like a torch, you set the soul with-in me burn-ing. I must go

on a-long this road of no re-turn-ing, and tho' it burns me and it turns me in-to

LA CARRETILLA
(Son Jarocho)

Words and Music by
LINO CARRILLO

Additional Lyrics

Qué bien qué chulas se ven
Bailar las jarochas
Bajo la enramada.
Qué bien qué bien zapatean
Al compás del arpa
Y de las jaranas.

Veracruz bella mansión
Tierra florida y galana
Orgullo de mi nación
De mi nación mexicana.

Ya me voy a retirar
Hay les va la despedida
Aquí se va a terminar
El son de la carretilla.

LA BARCA

Words and Music by
ROBERTO CANTORAL

LA COMPARSA
(Carnival Procession)
from DANZAS AFRO-CUBANAS

By ERNESTO LECUONA

LA CINQUANTINE
(The Golden Wedding)

By J. GABRIEL-MARIE

LA CONGA DA MEDIA NOCHE
from DANZAS AFRO-CUBANAS

By ERNESTO LECUONA

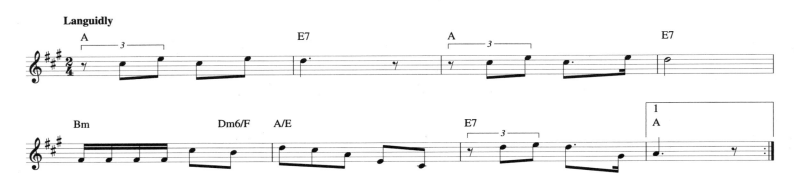

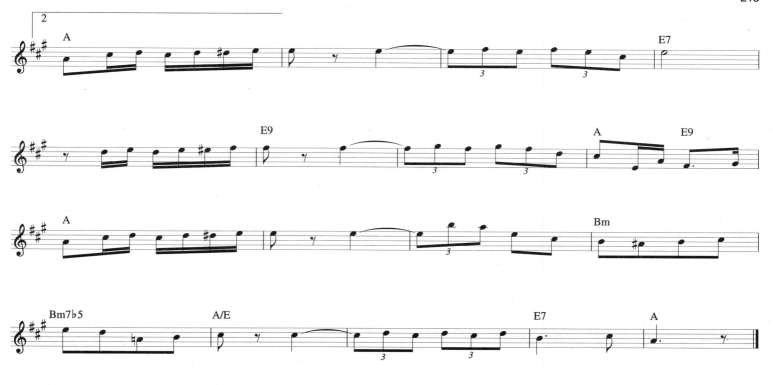

LA CUCARACHA

Mexican Revolutionary Folksong

LA CUMPARSITA
(The Masked One)

By G.H. MATOS RODRÍGUEZ

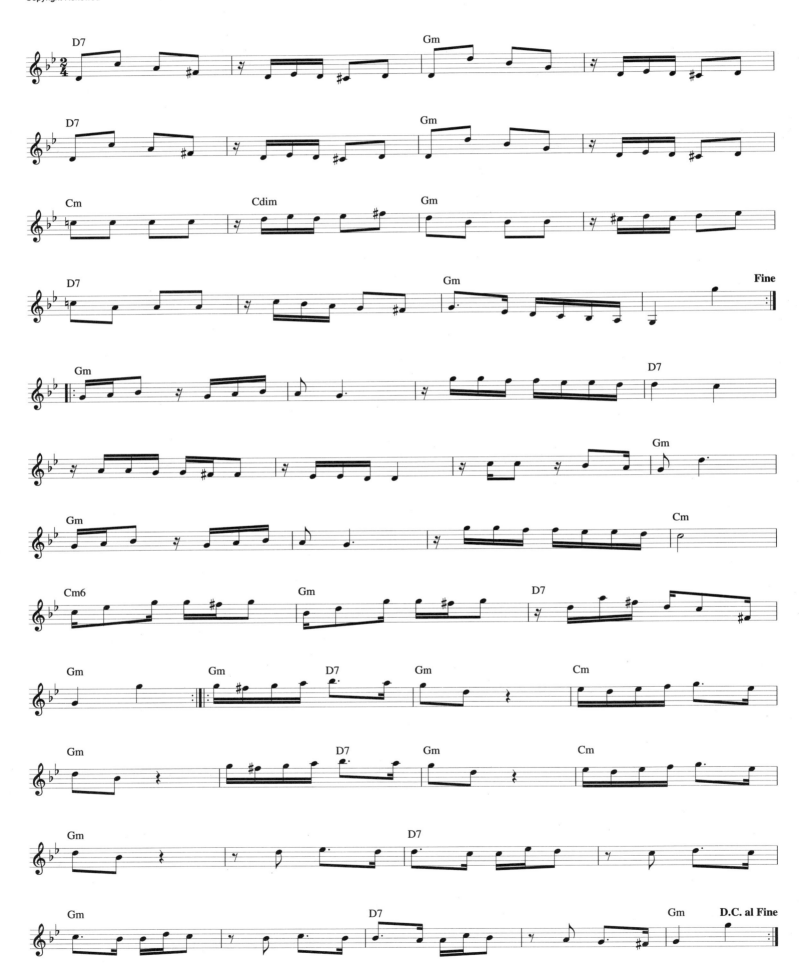

LA ENGAÑADORA

Words and Music by
ENRIQUE JORRÍN

LA ESENCIA DEL GUAGUANCO

Words and Music by
C. CURET ALONSO

LA FIESTA

By CHICK COREA

LA ENORME DISTANCIA

Words and Music by
JOSE ALFREDO JIMENEZ

LA FIESTA NO ES PARA FEOS

Words and Music by
WALFRIDO GUEVARA

Guaracha

la fi - es - ta va a co - men - zar   y ten - go or - den se - ve - ra   que el que

ven - ga co - mo qui - era   no de - jarlo en trar.   Pon - ga - se mi sa -

qui - to pa - ra que pue - da go - zar.   Yo voy a pa - sar.

Yo voy a pa - sar;   yo voy a pa - sar.   Un mo -

men - to ca - ba - lle - ro;   por fa - vor no pa - se us - ted;   yo

ten - go una nu - eva or - den   que asi mis - mo com - pli - re.   Pe - ro, se -

nor;   si yo ven - go con cor - ba - ta;   tra - je ne - gro bi - en cor - ta - do;   por

que us - ted me va a de - jar ____ a - qui en la puer - ta pa - ra - do.   Us - ted no pue - de pas -

sar;   La fi - e - sta no es pa - ra fe - os.   Us fe - os.

LA FUERZA DE AMAR

Words and Music by RONALDO BASTOS,
CLEBERSON HORSTH and LUIS GOMES ESCOLAR

biar la gen-te no pue-de en-ten der que se-a tan fá-cil vo-lar_____ y el a-mor es un

1. ar -te a fuer -za de a-mar -te. 2. ar -te a fuer -za de a-mar-te, *(Instrumental)*

a-fuer -za de a-mar -te.

LA GLORIA ERES TU

Words and Music by
JOSE ANTONIO MENDEZ

Bolero

E - res mi bien lo que me tie - ne ex-ta-sia - do por - que ne-gar que es toy de

tí e - na-mo-ra - do de tu dul - ce al - ma que es to-da sen-ti-

mien - to De e - sos o - ja-zos ne-gros de un sua - ve dul-zor

que me do-mi-nam e in - ci-tan al a - mor___ E - res un en-can - to

e - res u - na flor Dios di - ce que la

glo-ria es - tá en el cie - lo_____ que es de los mor -

ta - les el con-sue - lo al mo - rir. Ben - di-go Dios por que al te -

ner - te yo en vi - da no ne-ce-si-to ir al cie-lo ti-zu, si al-ma

mi - a La Glo-ria E - res Tú_____

LA GOLONDRINA

By N. SERRADELL

LA HIEDRA
(L' Edera)

Music by S. SERACINI
Words by V. D'ACQUISTO

LA MEDIA VUELTA

Words and Music by
JOSE ALFREDO JIMENEZ

LA MURGA

Words and Music by WILLIE COLÓN
and HÉCTOR LAVOE

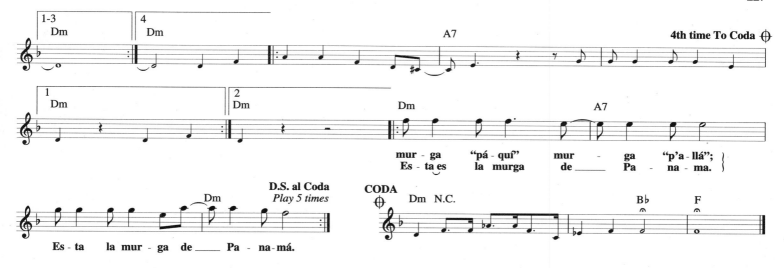

mur - ga "pá - quí" mur - ga "p'a - llá";
Es - ta es la murga de _____ Pa - na - ma.

Es - ta la mur - ga de _____ Pa - na - má.

LA PALOMA
(The Dove)

By S. YRADIER

Medium Tango

LA PISTOLA Y EL CORAZÓN

By DAVID HIDALGO
and LOUIE PEREZ

Con la pis - to - la
y el co - ra - zón.

LA PUERTA

Words and Music by
LUIS DEMETRIO

La puer - ta se ce - rró de - trás de ti _____ y nun - ca más vol - vis - te a a - pa - re - cer. _____
rró de - trás de ti _____ y a - sí de - trás de ti se fué mi a - mor

De - jas - te a - ban - do - na - da la i - lu - sion que ha - bía en mi co - ra - zón por
cre - yen - do que po - drí - a con - ven - cer a tu al - ma de mi pa - de -

ti. _____ La puer - ta se ce - cer.

Pe - ro es que no su - pis - te so - por - tar las pe - nas que nos dió, la

mis - ma ad - ver - si - dad que a - sí co - mo tam - bién nos dió fe - li - ci - dad, nos

vi - no a cas - ti - gar con el do - lor. La puer - ta se ce -

rró de - trás de ti _____ y nun - ca más vol - vis - te a a - pa - re - cer. _____

De - jas - te a - ban - do - na - da la i - lu - sión que ha - bía en mi co - ra - zón por

ti. _____ De - jas - te a - ban - do - na - da la i - lu - sión que ha - bía en mi co - ra - zón por

ti.

LA SORELLA

By C. BOREL-CLERC

LA ÚLTIMA NOCHE

Words and Music by
ROBERTO (BOBBY) COLLAZO

Moderate Bolero

LA VIOLETERA
(Who'll Buy My Violets?)

By JOSÉ PADILLA

Romantic Ballad

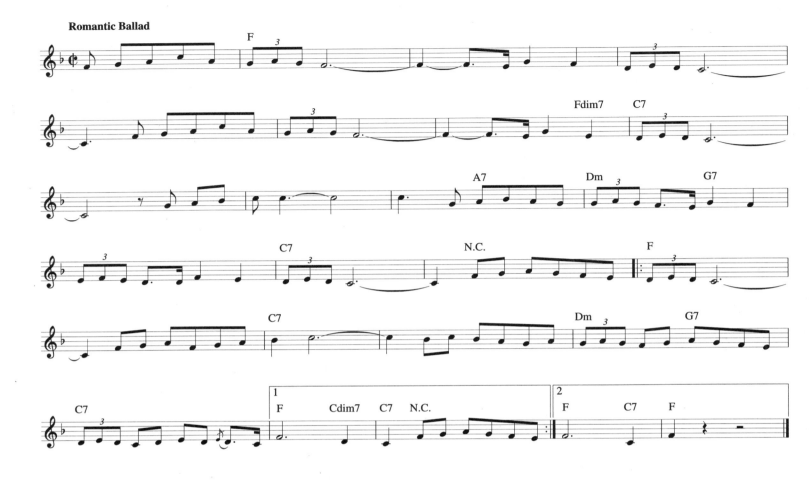

LA VIDA ES UN SUEÑO

Words and Music by
ARSENIO RODRÍGUEZ

Moderately

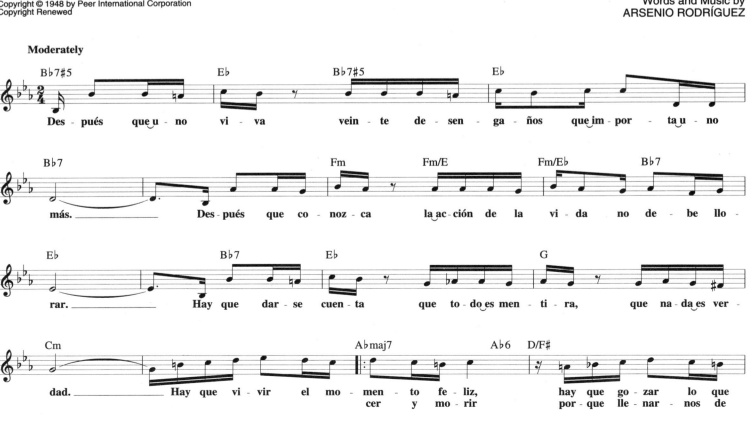

Des - pués que u - no vi - va vein - te de - sen - ga - ños que im - por - ta u - no

más. _____ Des - pués que co - noz - ca la ac - ción de la vi - da no de - be llo -

rar. _____ Hay que dar - se cuen - ta que to - do es men - ti - ra, que na - da es ver -

dad. _____ Hay que vi - vir el mo - men - to fe - liz, hay que go - zar lo que
cer y mo - rir por - que lle - nar - nos de

pue - das go - zar por - que sa - can - do la cuen - ta en to - tal la vi - da es un
tan - ta an - sie - dad to - do no es más que un e - ter - no su - frir. El mun - do es - tá

1
sue - ño ___ que to - do se vá ___ la rea - li - dad es na -

2
he - cho ___ sin fe - li - ci - dad. ___

LÁGRIMAS

Words and Music by MANUEL ALEJANDRO
and MARIA ALEJANDRA

Moderate Ballad

Yo sien - to hun - dir - me y me es - tre - mez - co si

ve - o ca - er ___ tus lá - gri - mas. Yo me a - rre - pien - to

del mal que ha - ya he - cho si ve - o ca - er ___ tus lá - gri - mas. ___

Yo te con - sue - lo, te a - bra zo y te be - so si

ve - o ca - er ___ tus lá - gri - mas. ___ Y no qui - sie - ra ya nun - ca. Vol - ver a en - ju - gar ___ tus

lá - gri - mas. ___ Lá - gri - mas, el len - gua - je mu - do de ___
- gri - mas, de pas - sión - es hon - das y ___

tu pe - na. Lá - gri - mas, la ca - lla - da voz de tu ___ tris - te - za. Lá -
de he - ri - das. Lá - gri - mas, de do - lor pro - fun - do y de a - le - grí - as. Lá -

- gri - mas, la ex - pre - sión mo - ja - da de ___ tu al - ma. Lá - gri - mas,
- gri - mas, la pa - la - bra fiel de tu a - mar - gu - ra. Lá - gri - mas,

1
la vi - si - ble mues - tra de ___ que me a - mas. Lá -
la ver - dad fi - nal de que tú ___

2   D.S. and Fade
___ no o - cul - tas. Lá -

LADRON
(Thief You Stole My Heart)

Spanish Lyrics by COBIAN-SEPULVEDA
English Lyrics by CAROL RAVEN
Music by CARLOS COBIAN

LAIA LADAIA
(Reza)

Words and Music by RUY GUERRA
and EDU LOBO
English Words by NORMAN GIMBEL

LÁGRIMAS NEGRAS

Words and Music by
MIGUEL MATAMOROS

LAMENTO BORINCANO

Words and Music by
RAFAEL HERNÁNDEZ

LAS COSAS QUE TIENE LA VIDA

Words and Music by
DANNY DANIEL

LEJANA TIERRA MÍA

Lyrics by ALFREDO LE PERA
Music by CARLOS GARDEL

LET GO

Original Words by VINICIUS DE MORAES
Music by BADEN POWELL
English Words by NORMAN GIMBEL

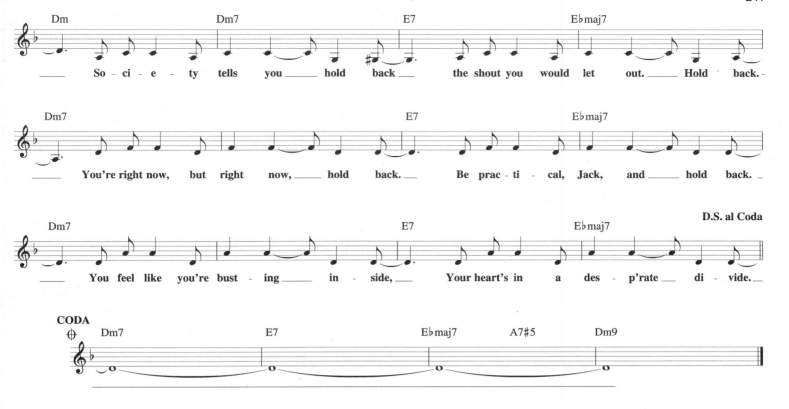

So - ci - e - ty tells you ___ hold back ___ the shout you would let out. ___ Hold back.

You're right now, but right now, ___ hold back. ___ Be prac - ti - cal, Jack, and ___ hold back. ___

You feel like you're bust - ing ___ in - side, ___ Your heart's in a des - p'rate ___ di - vide. ___

D.S. al Coda

CODA

LEJOS DE TI DANZA

By FRANCISCO J. NAVARRO

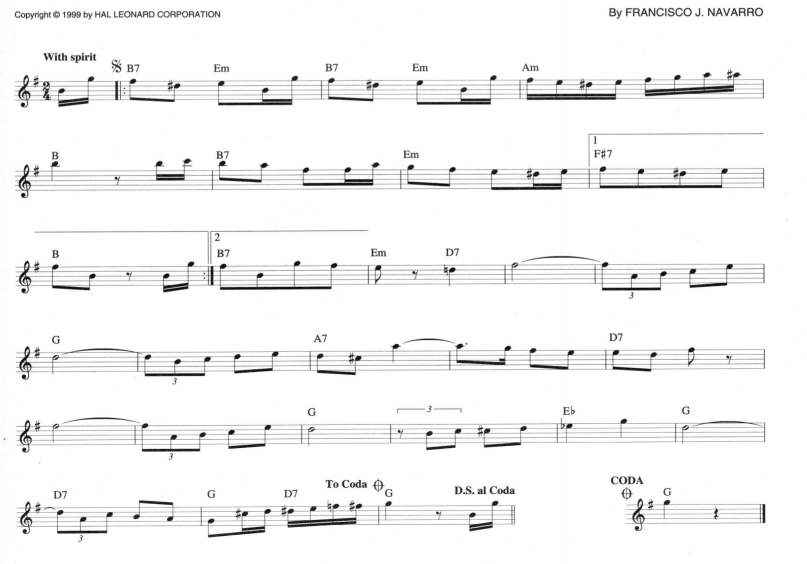

LIGIA

Words and Music by
ANTONIO CARLOS JOBIM

LISBON ANTIGUA
(In Old Lisbon)

English Lyric by HARRY DUPREE
Music by RAUL PORTELA,
J. GALHARDO and AMADEU DO VALE

LITTLE BOAT
(O Barquinho)

Original Words by RONALDO BOSCOLI
English Words by BUDDY KAYE
Music by ROBERTO MENESCAL

LIVIN' LA VIDA LOCA

Words and Music by DESMOND CHILD
and ROBI ROSA

LLORANDO SE FUE
(La Lambada)

By ULISES HERMOSA
and GONZALO HERMOSA

LO SIENTO POR TI

Words and Music by
RAFAEL HERNÁNDEZ

LOS CARRETEROS

Words and Music by
RAFAEL HERNÁNDEZ

LONELY GIRL
from the Paramount Motion Picture HARLOW

Words by RAY EVANS and JAY LIVINGSTON
Music by NEAL HEFTI

THE LOOK OF LOVE
from CASINO ROYALE

Words by HAL DAVID
Music by BURT BACHARACH

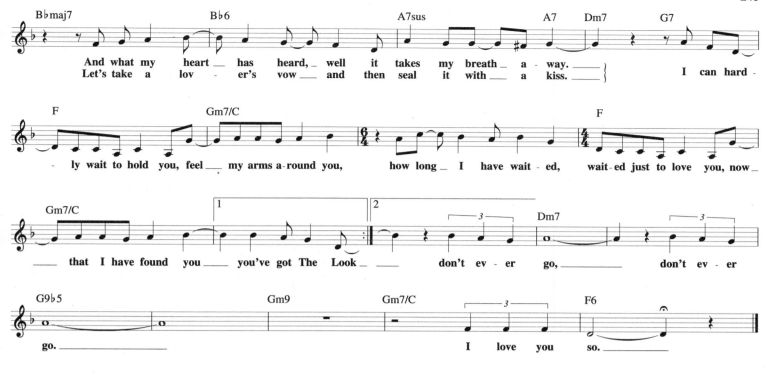

LOOK TO THE SKY

By ANTONIO CARLOS JOBIM

LOS KIMBOS

Words and Music by
ROBERTO RODRIGUEZ

Additional Lyrics

2. Esta es una selección de boricuas y cubanos
Italo dominicanos y todos somos hermanos.

3. Esta nueva agrupación en una cooperativa
Y todos con emoción trabajamos en unión.

LOS TAMALITOS DE OLGA

Words and Music by
JOSE FAJARDO

LOVE ME WITH ALL YOUR HEART
(Cuando Calienta El Sol)

Original Words and Music by CARLOS RIGUAL
and CARLOS A. MARTINOLI
English Words by SUNNY SKYLAR

LUNA DE CRISTAL
(LUA DE CRISTAL)

By MICHAEL SULLIVAN and PAULO MASSADAS
Spanish Words by GRACIELA CARBALLO

Lyrics

Todo puede ser
Basta con querer

Siempre un sueño hay para sonar
Todo puede ser
Tan solo hay que creer
Todo lo que deba ser sera

Todo la que hare
Sera mejor que lo que hice ayer
Por eso mi destino buscare
Andando mil caminos sin temer

Que puedo querer
Que dios desde alla arriba no me de
Con algo de coraje y mucha fe
No habba nada imposible de vencer

Vamos junto a ti
Seremos invencibles hasta el fin
Juntos somos más
Y nadie puede hacernos nunca mal

Vamos junto a ti
Seremos invencibles hasta el fin
Un sueño volador
Me hace cantar de amor

Luna de cristal
Dejame sonar
Quiero ser estrella
Yo ya se brillar

Luna de cristal
Nueva de pasion
Haz que sea mi vida
Llena de emocion

LUZ DO SOL

Words and Music by
CAETANO VELOSO

MALA SUERTE

By BEBU SILVETTI
and ROBERTO LIVI

MALAGUEÑA
from the Spanish Suite ANDALUCIA

Music and Spanish Lyric by
ERNESTO LECUONA
English Lyric by
MARIAN BANKS

MALDITOS CELOS

Words and Music by
RAFAEL HERNÁNDEZ

MAMA INEZ

Words by L. WOLFE GILBERT
Music by ELISEO GRENET

MAMBO INN

By GRACE SAMPSON,
BOBBY WOODLEN and MARIO BAUZA

MAMBO JAMBO
(Que Rico el Mambo)

English Words by RAYMOND KARL
and CHARLIE TOWNE
Original Words and Music by DAMASO PEREZ PRADO

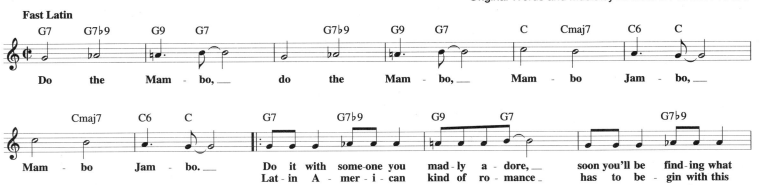

you've wait-ed for. ___ For when you sway with her, hold-ing her close, ___ she'll be re-luc-tant to
fab-u-lous dance. ___ Won-der-ful rhy-thm she'll nev-er re-sist. ___ Here is the part where she'll

say "ad-i-os." ___ Dif-f'rent from an-y rhum-ba, bet-ter than an-y sam-ba,
want to be kissed. _

great-er than an-y tan-go, wild-er than an-y con-ga. The min-ute that
You'll find at the

you be-gin, ___ you'll find it be-neath your skin ___ like the hoo-doo of a voo-doo
break of day, ___ your heart has been flown a-way ___ to a land where on-ly lov-ers

drum. It teach-es your heart the beat, ___ then goes to your
dwell. The mo-ment your love is found, _ the mo-ment your

To Coda

head and feet ___ like a shak-er of Ja-mai-ca rum. You
heart is bound, _ you will bless the Mam-bo Jam-bo

do the Mam-bo Jam-bo, you dance to break of
do the Mam-bo Jam-bo, all night you hol-ler

day, day, day, day. You
hey! Hey!

D.S. al Coda

Ho - lay!

CODA

spell. ___

MAMBO NO. 5

Words and Music by
DÁMASO PÉREZ PRADO

Moderately

MAMBO NO. 8

Words and Music by
DÁMASO PÉREZ PRADO

MAÑANA

Words and Music by PEGGY LEE
and DAVE BARBOUR

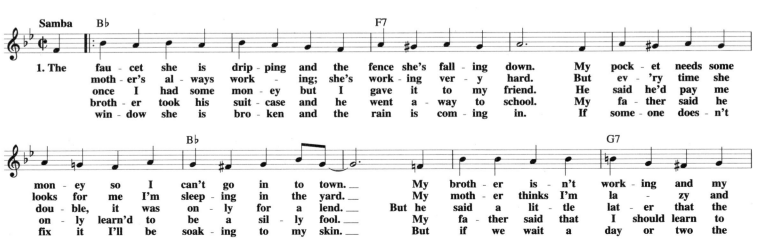

sis-ter does-n't care. The car she needs a mo-tor so I can't go an-y-where.
may-be she is right. I'll go to work Ma-ña-na, but I got-ta sleep to-night.
horse she was so slow. Why he gave the horse my mon-ey is some-thing I don't know.
make a chi-li pot. But then I burn'd the house ___ down the chi-li was too hot. ___
rain may go a-way. And we don't need a win-dow on such a sun-ny day. ___

Ma-

ña - na, ___ Ma - ña - na, ___ Ma

ña - na ___ is soon e-nough ___ for me.

2. My
3. Oh,
4. My
5. The

MANDOLINA

Mexican Serenade

MANGOS

Words and Music by DEE LIBBEY
and SID WAYNE

MANIA DE MARIA

Words by MARIA TOLEDO
Music by LUIZ BONFA

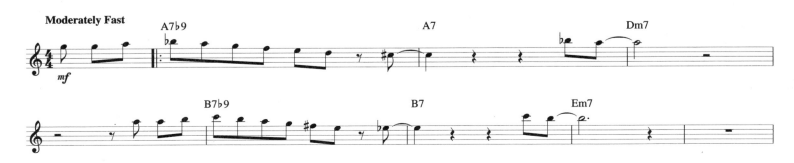

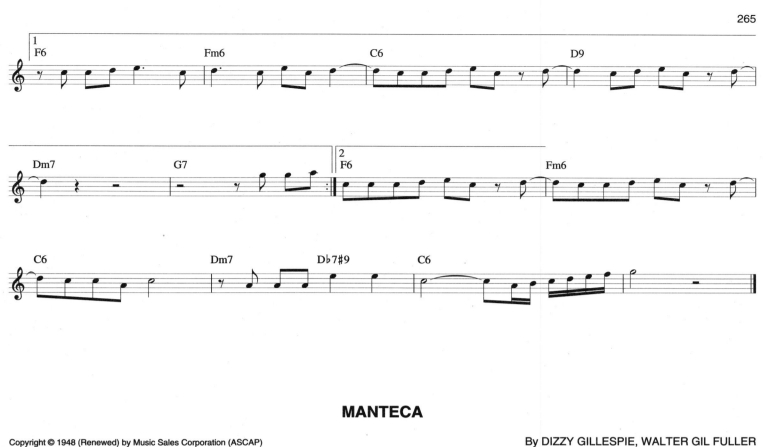

MANTECA

By DIZZY GILLESPIE, WALTER GIL FULLER
and LUCIANO POZO GONZALES

Moderate Latin beat

MARE

Words and Music by ALDO RUBEN A. YANCE,
RONALD J. ORTEGA, JOSE LUIS P. PACHO
and ENRIQUE M. ARELLANO

(Spoken:) Hace cuatro meses que salí del Yucatán me vine en camión a la ciudad. Vine a visitar a unos parientes, que viven aca por insurgentes.
(Spoken:) Una mañana me invitaron a pasear. Fui a Chapultepec, la latino y coyoacan. Mis parientes resultaron muy decentes y esa noche decidí irme a reventar.

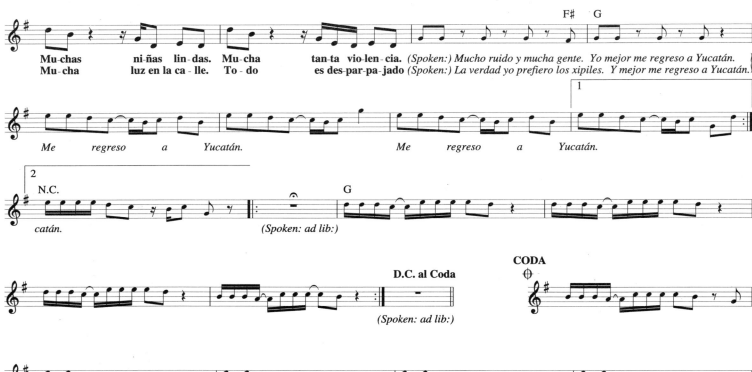

Mu-chas ni-ñas lin-das. Mu-cha tan-ta vio-len-cia. *(Spoken:) Mucho ruido y mucha gente. Yo mejor me regreso a Yucatán.*
Mu-cha luz en la ca-lle. To-do es des-par-pa-jado *(Spoken:) La verdad yo prefiero los xipiles. Y mejor me regreso a Yucatán.*

Me regreso a Yucatán. *Me regreso a Yucatán.*

catán. *(Spoken: ad lib:)*

(Spoken: ad lib:)

(Spoken:) Me regreso a Yucatán. **(Sung:) Ma-re.** *(Spoken:) Me regreso a Yucatán* **(Sung:) Ma-re.**

(Sung:) Ma-re. **Ma-re.** **Mar-e.** **Ma-re.**
(Spoken:) Oye niña linda, en esta *bella tierra del faisán y del* *venado no hay bocadito más* *hermoso que tú. Por eso*

Ma-re. **Ma-re.**
quiero que con tus, manos santas. *me hagas una exquisita* *sopa de lima.* *Mare niña.*

MARÍA BONITA

Words and Music by
AGUSTIN LARA

Additional Lyrics

2. Te dije muchas palabras
De esas bonitas
Con que se arrullan los corazones
Pidiendo que me quisieras
Que convirtieras
En realidades mis ilusiones.

La luna que nos miraba
Ya hacía um ratito
Se hizo un poquito desentendida
Y cuando la vi escondida
Me arrodillé pa' besarte
Y así entregarte toda mi vida.

3. Amores habrás tenido
Muchos amores
María bonita, María del alma
Pero ninguno tan bueno
Ni tan honrado
Como el que hiciste que en mí brotara.

Lo traigo lleno de flores
Como una ofrenda
Para dejarlo bajo tus plantas
Recíbelo emocionada
Y júrame que no mientes
Porque te sientes idolatrada.

MARÍA ELENA

English Words by S.K. RUSSELL
Music and Spanish Words by LORENZO BARCELATA

MARIA LA O

Music by ERNESTO LECUONA
Lyric by L. WOLFE GILBERT

MÁS QUE NADA

Words and Music by
JORGE BEN

MATILDA, MATILDA

Words and Music by
NORMAN SPAN

ME CASTIGA DIOS

Words and Music by
ALFREDO GIL

Me Nace del Corazón

Words and Music by
JUAN GABRIEL

MEDITATION
(Meditacáo)

Original Words by NEWTON MENDONCA
Music by ANTONIO CARLOS JOBIM
English Words by NORMAN GIMBEL

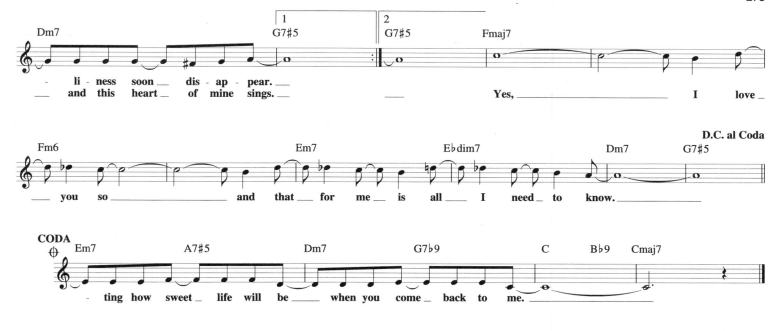

MEEKER'S BLUES

By DAVID TORRES

MELODÍA DE ARRABAL

Lyrics by ALFREDO LE PERA
and MARIO BATTISTELLA
Music by CARLOS GARDEL

MENINA FLOR

Words by MARIA TOLEDO
Music by LUIZ BONFA

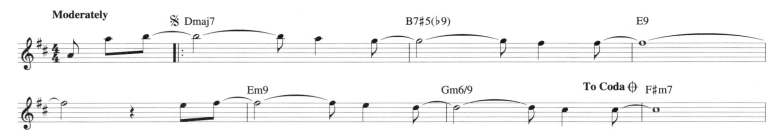

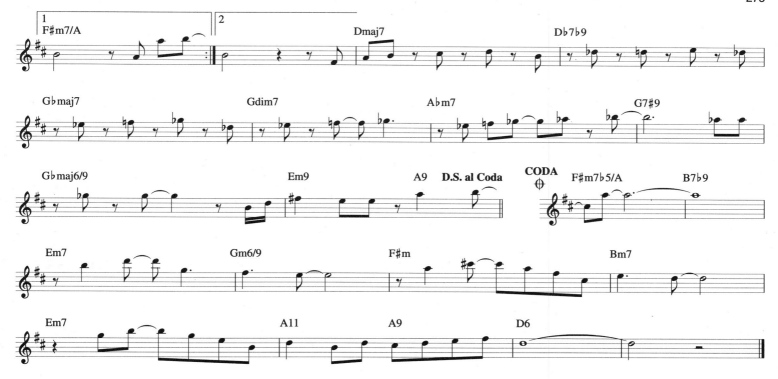

MEXICAN HAT DANCE
(Jarabe Topatio)

By F.A. PARTICHELA

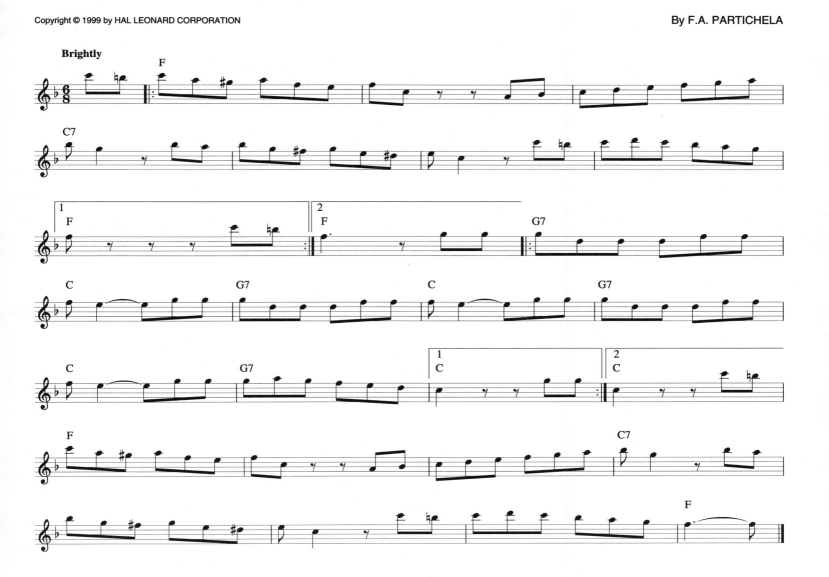

MI BUENOS AIRES QUERIDO

Lyrics by ALFREDO LE PERA
Music by CARLOS GARDEL

Additional lyrics

La ventanita de mi calle de arrabal
donde sonríe una muchachita en flor
quiero de nuevo yo volver a contemplar
aquellos ojos que acarician al mirar.
En la cortada más maleva una canción
dice su ruego de coraje y de pasión
una promesa
y un suspriar
borró una lágrima de pena aquel cantar.

MI DEBILIDAD

Words and Music by
ISMAEL QUINTANA

MI CARTA (QUERIDA...)

Words and Music by
MARIO CLAVELL

MI FRACASO

Words and Music by
JUAN GABRIEL

vor que no ha - bles di y man-dar - mi ol - vi-dar-los y yo se - ra mu-cho me-

jor _____ pa - si - les pa-ra ti ya que tie - nes _____ o-tra a-mor. El a - mor.

MI GENTE

Words and Music by
JOHNNY PACHECO

Mi gen-te, _____

lo mas gran-de de es - te mun-do siem - pre me ha-cen sen - tir con or-gu-llo pro-

fun - do Los lla - mé _____ ven-gan con mi-go, no me pre-gun-ta

_____ ron dón - de or - gu-llo-so es - toy _____ de us - te - des mi gen-te siem - pre _____

_____ res - pon - de, _____ y en un to - do pa-

- ra ir - me a gua - ra - char, co-mo soy de us - te - des

yo ló in - vi - ta - ré a - go - zar _____ con - mi-go sí, pa - ra go - zar

yo ló in - vi - ta - ré a - go - zar _____ con - mi-go, si que can - te mi _____

_____ gen - te. _____ (Instrumental) Que can - te mi gen - te.

MI MAGDALENA

Words and Music by
CHUCHO MARTINEZ GIL

MI SOMBRERO

By AL STILLMAN,
PEDRO BERRIOS and XAVIER CUGAT

Additional Lyrics

2. My sombrero sits upon my head,
Without the aid of pins;
And it covers up, as I have said,
A multitude of sins;
My sombrero has a nest of birds
On its colossal crown;
And they feel so at home,
On the top of my dome,
That they just refuse to come down.

3. My sombrero would appear to hail,
From Cuba's sunny shore;
But I bought it at a bargain sale
In a department store.
My sombrero cost $1.10
With coat and trousers free;
And this outfit I wear
At each evening affair,
And at every afternoon tea.

MI RIVAL

Words and Music by
MARIA TERESA LARA
English Lyric by ABE TUVIM

MI TRISTE PROBLEMA

Words and Music by
C. CURET ALONSO

MI VIDA

By ERNESTO LECUONA

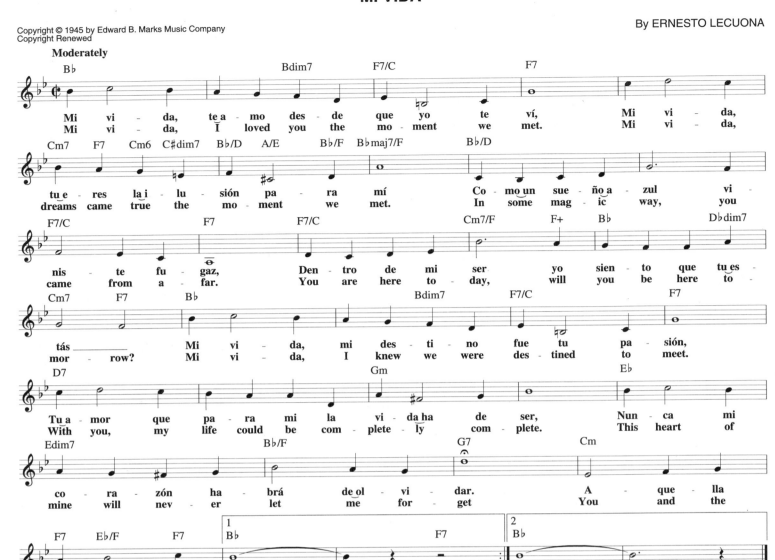

MIAMI BEACH RUMBA

Words by ALBERT GAMSE
Music by IRVING FIELDS

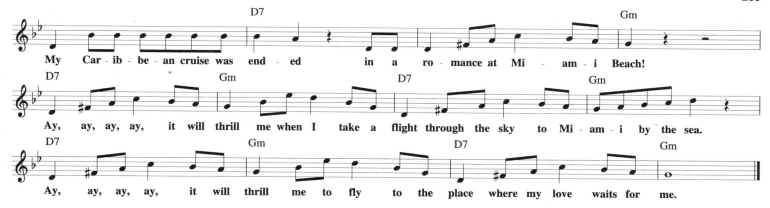

My Car-ib-be-an cruise was end-ed in a ro-mance at Mi-am-i Beach!

Ay, ay, ay, ay, it will thrill me when I take a flight through the sky to Mi-am-i by the sea.

Ay, ay, ay, ay, it will thrill me to fly to the place where my love waits for me.

MILONGA SENTIMENTAL

Lyrics by HOMERO MANZI
Music by CARLOS GARDEL

1. Mi-lon-ga pa' re-cor-dar-te, mi-lon-ga sen-ti-men-tal, o-

2.,3. (See additional lyrics)

tros se que-jan llo-ran-do, yo can-to pa' no llo-rar. Tu a-

mor se se-có de gol-pe, nun-ca di-jis-te por qué. Yo

me con-sue-lo pen-san-do que fue trai-ción de mu-jer. Va-rón

Chorus

pa' que-rer-te mu-cho, va-rón pa' de-sear-te el bien, va-rón

pa' ol-vi-dar a gra-vios por que ya te per-do-né. Tal vez

no lo se-pas nun-ca, tal vez no lo pue-das creer, tal vez

te pro-vo-que ri-sa ¡ver-me ti-rao a tus pies!

Mi - pies.
Es

Additional Lyrics

2. Milonga que hizo tu ausencia.
   Milonga de evocación.
   Milonga para que nunca
   la canten en tu balcón.
   Para que vuelvas de noche
   y te vayas con el sol.
   Para decirte sí, a veces,
   O para gritarte ¡no!

   Chorus

3. Es fácil pegar un tajo
   pa' cobrar una traición
   o jugar en una daga
   la suerte de una pasión.
   Pero no es fácil cortarse
   los tientos de un metejón,
   cuando están bien amarrados
   al palo del corazón.

   Chorus

MIS AMORES

By BEBU SILVETTI
and ROBERTO LIVI

MIXING
(Misturada)

By AIRTO MOREIRA

MONK

By DAVID TORRES

MOMENTOS

Words and Music by JULIO IGLESIAS,
TONY RENIS and RAMON ARCUSA

Moderately

De no-che nos pa-sá-ba-mos las
Te a-cuer-das de las ve-ces que di-

ho-ras ____ ha-blan-do de mil co-sas por ha-cer,
ji-mos ____ que na-da nos po-dri-a se-pa-rar,

y a ve-ces en pe-que-ñas dis-cu-
el vien-to que es-cu-cha-ba tus pa-

sion-es lle-ga-ba a-ma-ne-cer;
la-bras can-ta-ba tu can-tar.

Y siem-pre a-ma-ne-ci-a con un
Y yo me co-bi-ja-ba por tu

be-so y tú ____ des-pues me pre-pa-ra-bas un ca-fé
cuer-po y tú ____ e-cha-bas los sen-ti-dos a vo-lar,

y yo me des-pe-di-a ca-da
per-di-dos en la no-che y el si-

di-a so-ñan-do con vol-ver.
len-cio so-ñan-ba-mos so-ñar.

Pa-ra-ba-mos el tiem-po dia a
La vi-da se ha-ce siem-pre de mo-

di-a ____ que-ri-a des-cu-brir-te ca-da vez;
men-tos, ____ de co-sas que no sue-les va-lo-rar;

pren-di-do de tu vi-da y tu pren-
y lue-go cuan-do pier-des cuan-do al

di-da de la mi-a el mun-do pa-re-ci-a a nues-tros pies.
fin te has da-do cuen-ta, el tiem-po no te de-ja re-gre-sar

Ya vez que to-do pa-sa, quien di-
Ya vez que to-do pa-sa, quien di-

ri-a; ____ ya ves que po-co que-da del a-yer:
ri-a; ____ ya ves que po-co que-da por con-tar:

a-pe-nas los re-cuer-dos, mo-
a-pe-nas los re-cuer-dos, mo-

1.
men-tos que no vuel-ven o-tra vez.

2.
más.

men-tos que no vuel-ven nun-ca

MORRIÑAS

Words and Music by JULIO IGLESIAS,
RAFAEL FERRO and RAMON ARCUSA

MORE
(Ti guarderò nel cuore)
from the film MONDO CANE

Music by NINO OLIVIERO and RIZ ORTOLANI
Italian Lyrics by MARCELLO CIORCIOLINI
English Lyrics by NORMAN NEWELL

MUCHACHA

Words by E.Y. HARBURG
Music by VERNON DUKE and JAY GORNEY

round like a ___ gay ban-dan-a. ___ Say you're gon - na make a pea-nut ven-dor out of ___ me. ___ Mu - cha - cha, ___ what's that feel-ing you start ___ in my prim-i - tive heart, When I'm wrapped in that rhy - thm? ___ Mu cha - cha, ___ I'll give ___ in to-day, start to ___ sin to-day; there is ___ no Mañ - a - na, ___ Mu - cha - cha. Mu - cha - cha.

MUCHO CORAZÓN

Words and Music by
EMMA ELENA VALDELAMAR

Moderate Bolero

Di si en-con-tras-te ___ en mi pa-sa-do ___ u-na ra - zón ___ pa-ra olvi-darme o pa-ra querer - me. ___ Pi - des ca-ri - ño, ___ pi - des ol - vi - do, ___ si te con-vie - ne ___ no lla-mes co-ra - zón ___ lo que tú tien - es. De mi pa - sa-do ___ pre-gun-tas to-do ___ que có-mo fué; ___ si an - tes de a-mar ___ de-be te - ner - se fe; ___ dar ___ por un que-rer ___ la vi-da mis-ma ___ sin mo-rir ___ !Eso es ca-ri - ño, ___ no lo que hay en tí! ___ Yo, ___ pa-ra que-rer ___ no ne-ce-si - to ___ u-na ra - zón ___ !Me so-bra mu-cho, ___ pe-ro mu-cho ___ co-ra - zón! ___

MUJER

Words and Music by
AUGUSTIN LARA

E7 Am G

Tie - nes en el rit - mo de tu ser to - do el pal - pi - tar de u - na can - ción.

A7/C♯ A7 D7 | 1 G G/F♯ G/E G/D | 2 G

E - res la i - lu - sión de mi ex - is - tir mu - jer._____ jer._____

MY SHAWL

English Lyric by STANLEY ADAMS
Spanish Lyric by PEDRO BERRIOS
Music by XAVIER CUGAT

Rhumba Gm ... **D7**

In some Cu - ban town _____ you stop watch - ing an old ma - ker of shawls. _____ A

Gm

quaint lit - tle man _____ whose gay col - ored ba - zaar stands near the walls. _____ He

D7

smiles thru his beard _____ and spins heav - en - ly dreams for ev - 'ry maid. _____ A

G

shawl in his hand _____ his call reach - es their hearts as they pa - rade. _____ My

Smoothly ... **D7 G**

Shawl _____ pret - ty la - dy _____ try it on you. _____ Buy my

D7 G G7 C

Shawl _____ spun in mag - ic _____ wish - es come true. _____ It's glo - ry _____

Cm G

_____ weaves a sto - ry of love dreams _____ old but new. _____ My

D7 G | 1 | 2

Shawl _____ brings a ro - mance may - be for you. _____ My _____

NATHALIE

Words and Music by JULIO IGLESIAS
and RAMON ARCUSA

NEGRA CONSENTIDA
(My Pet Brunette)

English Words by MARJORIE HARPER
Spanish Words and Music by
JOAQUIN PARDAVE
Arranged by ELMER SCHOEBET

NEVER ON SUNDAY
from Jules Dassin's Motion Picture NEVER ON SUNDAY

Words by BILLY TOWNE
Music by MANOS HADJIDAKIS

NACÍ MORENO

Words and Music by
FRANCISCO ALVARADO

Repeat and Fade

NO ME QUIERAS TANTO

Words and Music by
RAFAEL HERNÁNDEZ

NI HABLER
(No Way)

Words and Music by
ANN MUNAR

NO ME GUSTA QUE LO SEPAN

By IGNACIO TEJADA

NO ME PLATIQUES MÁS

Words and Music by
VINCENTE GARRIDO

NO TENGO DINERO

Words and Music by
JUAN GABRIEL

NO TRATES DE MENTIR

Words and Music by
ALFREDO GIL

NOCHE AZUL
(Blue Night)

By ERNESTO LECUONA

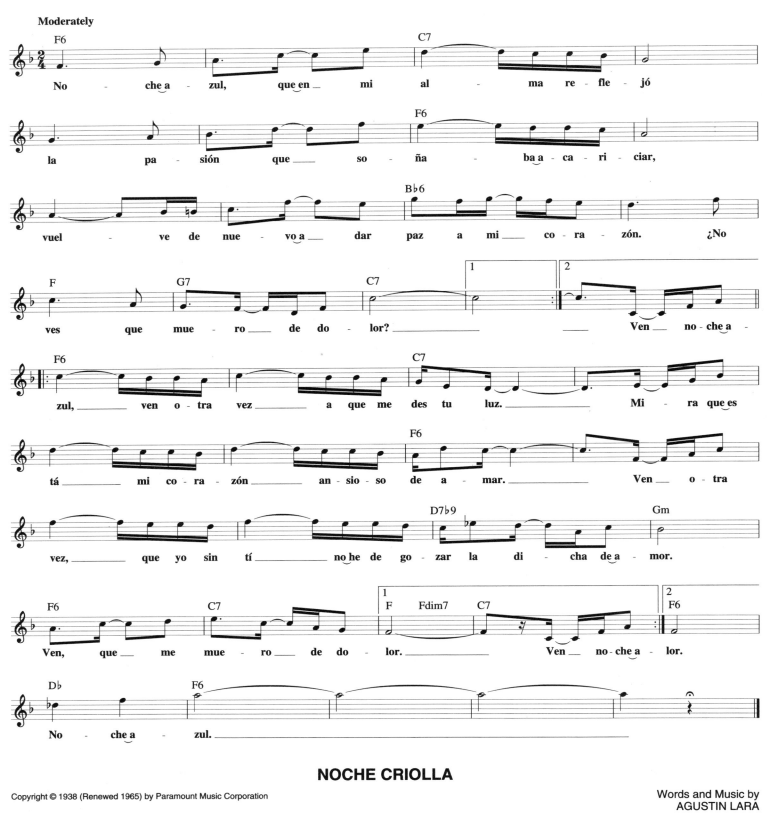

NOCHE CRIOLLA

Words and Music by
AGUSTIN LARA

NOCHE DE RONDA
(Be Mine Tonight)

Original Words and Music by MARIA TERESA LARA
English Words by SUNNY SKYLAR

* English: skip to **

NUMERO 6

Words and Music by
RUBEN BLADES

NOSOTROS

Words and Music by
PEDRO JUNCO, JR.

NUNCA TE OLVIDARÉ

Words and Music by
ENRIQUE IGLESIAS

308

NOVIA MIA

Words and Music by
JOSÉ ANTONIO MENDEZ

O BÊBADO E A EQUILIBRISTA

Words and Music by ALDIR BLANC MENDES
and JOÃO BOSCO

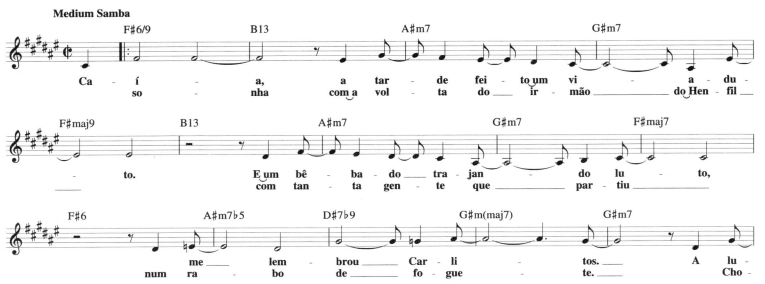

O GRANDE AMOR

Words and Music by ANTONIO CARLOS JOBIM
and VINICIUS DE MORAES

O ME QUIERES O ME DEJAS
(Devaneos)

By LUIS GARDEY

va
í

ni se-guir con tus ca-pri-chos
ni me to-mas ni me de-jas
y tu for - ma __ de pen-
y no pue - do __ ser fe-

sar.   1. Di - me de ver-dad   qué has sen-ti-do con mi-go   si he si-do tu a-man-te   o he si-do tu a-
liz.   3. *(See additional lyrics)*
        (2.) za - bas   y al dar-me tu cuer-po   des-pues me en ga-
        (3., 4.) *(See additional lyrics)*

4th time To Coda

mi - go   quie-ro con-ver-cer - me de que al-go ha-que   da - do   de to-do lo bue-no   que siem - pre te he
ña - bas   pues con tus ca-pri-chos me mue-ro de   ce-los   ya no me in-te - re-sas   de tus con va-

da - do.   2. Di - me si men-ti-as   cuan - do me a-bra - ne-os.   U - nas ve - ces me a-rre-
         4. *(See additional lyrics)*

D.S. al Coda
(take 3rd ending)

CODA
re-sas   con tus de-va-ne-os.   *(Instrumental)*

Repeat ad lib. and Fade

Additional Lyrics

3. Quisiera saber que ha pasado conmigo
   Que intento olvidarte y no lo consigo,
   No se si deseo pasion o locura
   Tantas cosas juntas tantas amarguras.

4. Pero le aseguro que ha llegado el dia
   En que me abandonas o eres solo mia,
   Estoy decidido se acabo tu juego
   Ya no me interesas con tus devaneos.

O MORRO NÃO TEM VEZ
(Favela)
(Somewhere In The Hills)

Words and Music by ANTONIO CARLOS JOBIM
and VINICIUS DE MORAES

Medium Bossa Nova

O   Mor - ro   Não __ Tem Vez __   E o que e - le fez __   já foi __ de mais __
um   é   dois, __ é tres __   É   cem,   é mil __   a   ba __ tu - car __

Mas o - lhem bem vo - cês __   Quan - do de-rem vez __ ao mor - ro   To - da a
O   Mor - ro   Não __ Tem Vez __   Mas se de-rem vez __ ao mor - ro   To - da a

To Coda
cida - de vai __ can - tar __   Mor - ro __ pe - de pas-sa-gem   Mor - ro __ quer __ se mo-strar
cida - de vai __ can - tar __

D.S. al Coda   CODA
A - bram a __ las pro mor - ro   Tam - bo - rim __ vai fa - lar   É

O PATO

Words and Music by JAIME SILVA
and NEUZA TEIXIERA
English Lyric by JON HENDRICKS

Additional English Lyrics

O Pato, the duck was happy to begin it, quack, quack,
and he was really gettin' in it, quack, quack.
He was dancin' to the samba, the samba, the samba.

O gooso, the goose came fast as he could move, honk, (honk.)
He joined the duck and struck a groove, honk, (honk.)
The bossa nova had 'em dancin' the new thing, the new swing.

Chorus

OBSESIÓN

Words and Music by
PEDRO FLORES

Moderately slow

Por al-to es-té el cie-lo en el mun-do, por hon-do que es-té el mar pro-fun-do, no ha-brá u-na ba-rre-ra en el

mun-do que un a-mor pro-fun-do no pue-da rom-per; A-mor es el pan de la vi-da, a-

mor es la co-pa di-vi-na, a-mor es un al-go sin nom-bre que ob-se-sio-na a un hom-bre con u-na mu-

jer; Yo es-toy ob-se-sio-na-do con-ti-go y el mun-do es tes-ti-go de mi fre-ne-

sí... y por más que se o-pon-ga el des-ti-no se-rás pa-ra mí; _____ Por

al-to es-té el cie-lo en el mun-do, por hon-do que es-té el mar pro-fun-do, no ha-brá u-na ba-rre-ra en el

mun-do que mi a-mor pro-fun-do no rom-pa por ti. Por fun-do no rom-pa por

tí; _____ No rom-pa por tí.

OH, VIDA

Words and Music by LUIS YANEZ
and ROLANDO GOMEZ

ON THE BORDER

By ERNIE WATTS

ONCE I LOVED
(Amor em Paz)
(Love in Peace)

Music by ANTONIO CARLOS JOBIM
Portuguese Lyrics by VINICIUS DE MORAES
English Lyrics by RAY GILBERT

Medium Bossa Nova

Once I Loved, and I gave so much love to this
Then one day, from my in-fi-nite sad-ness you

love, you were the world to me. Once I cried
came and brought me love a-gain. Now I know

at the thought I was fool-ish and proud and let you say good-bye.
that no mat-ter what-ev-er be-falls I'll nev-er

let you go, I will hold you close, make you stay.

Be-cause love is the sad-dest thing when it goes a-way.

be-cause love is the sad-dest thing when it goes a-way.

Portuguese Lyrics

Eu amei E amei muito mais Do que devia amar
E chorei ao sentir que eu iria sofrer e me dese perar

Fol, então que da minha infinita trizteza aconteceu você
Encontrei em você a razão de viver e de amar em paz

E não sofrer mais Nunca mais
Porque o amor é a coisa mais triste quando se destaz
O amor é a coisa mais triste quando se desfaz

ONE NOTE SAMBA
(Samba de uma nota so)

Original Lyrics by NEWTON MENDONCA
English Lyrics by ANTONIO CARLOS JOBIM
Music by ANTONIO CARLOS JOBIM

ONLY ONCE IN MY LIFE
(Solamente una Vez)

Music and Spanish Words by AGUSTIN LARA
English Words by RICK CARNES and JANIS CARNES

ONE-TWO-THREE-KICK

Words by AL STILLMAN
Music by XAVIER CUGAT

ONLY TRUST YOUR HEART

Words by SAMMY CAHN
Music by BENNY CARTER

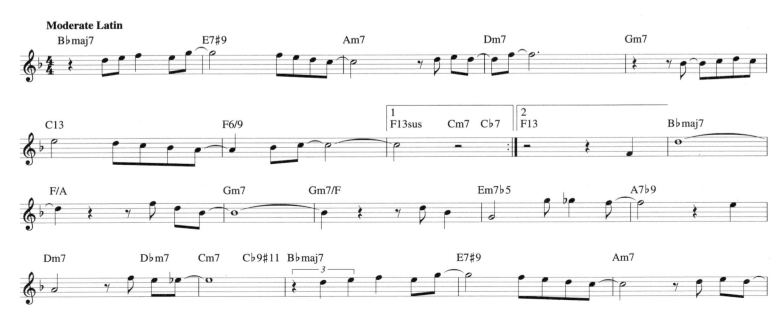

OUR LANGUAGE OF LOVE
from IRMA LA DOUCE

Music by MARGUERITE MONNOT
Original French Words by ALEXANDRE BREFFORT
English Words by JULIAN MORE,
DAVID HENEKER and MONTY NORMAN

No need to speak, ___ no need to sing, ___ when just a glance means ev - 'ry - thing. Not a word need be

spo - ken ___ in Our Lan - guage Of Love. ___ I'll touch your cheek, ___ you'll hold my

hand ___ and on - ly we will un - der - stand that the si - lence is bro - ken ___ By Our Lan - guage Of

Love. ___ It's clear to you, ___ It's clear to me ___ This pre - cious mo - ment had to be, oth - er mo - ments out -

class - ing ___ guard - ian an - gels are pass - ing. ___ No words will do, ___ no lips can say ___ the ten - der

mean - ing we con - vey, "I love you" is un - spo - ken, ___ In Our Lan - guage Of Love.

OUTRA VEZ

Words and Music by
ANTONIO CARLOS JOBIM

PA' BRAVO YO

Words and Music by
ISMAEL MIRANDA

Additional Lyrics

2. Los sentimientos que tengo
   Lo entrego de corazón.
   Pa' bravo yo.
   Chorus

3. No te equivoques,
   Acuérdate que el bravo soy yo.
   Chorus

4. Bravo permítame aplaudir,
   La forma de herir mis sentimientos.
   Chorus

PALABRAS DE MUJER

By AGUSTIN LARA

PALMERA

By AGUSTIN LARA

PALOMA BLANCA

Words and Music by
HANS BOUWENS

When the sun shines on the moun - tains and the night is on the run, it's a
feel the morn - ing sun - light; I can smell the new - born hay. I can
had my share of los - ing; once they locked me on a chain. Yes, they

new day, it's a new way, and I fly up to the sun.
hear God's voic - es call - ing from my gold - en sky - light way.
tried to break my pow - er; oh, I still can feel the pain.

I can

U - na Pal - o - ma Blan - ca,

I'm just a bird in the sky. U - na Pal - o - ma Blan - ca,

o - ver the moun - tains I fly; no one can take my free - dom a - way. Once I

CODA

Yes, no one can take my free - dom a - way.

PALOMA REVOLCADA

Words and Music by
VICTOR CORDERO

1. Al pié de u - na cas - ca - da de e - nor - me len - gua de a - gua pa -
2. (See additional lyrics)

lo - ma al bo - ro - ta - da te e - chas - tes a vo - lar,

no vis - tes el pe - li - gro que a -

lue - go te es - pe - ra - ba en bra - zos de un ca - na - lla que no te su - po a -

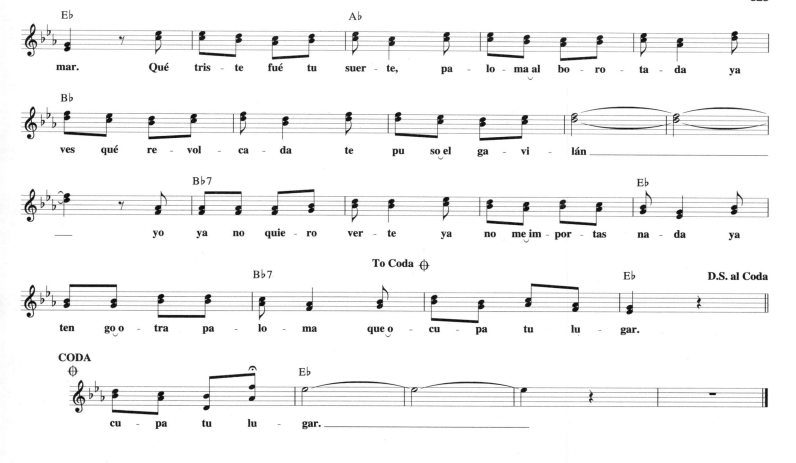

Eb mar. Qué tris - te fué tu suer - te, pa - lo - ma al bo - ro - ta - da ya **Ab**

Bb ves qué re - vol - ca - da te pu so el ga - vi - lán

Bb7 yo ya no quie - ro ver - te ya no me im - por - tas na - da ya **Eb**

To Coda ⊕

Bb7 ten go o - tra pa - lo - ma que o - cu - pa tu lu - gar. **Eb** D.S. al Coda

CODA ⊕
cu - pa tu lu - gar. **Eb**

Additional lyrics

2. Qué lindas las palomas se ven alzar vuelo
Cruzando por el cielo, dejando el palomar;
Qué susto es el que llevan, si al pié de un arroyelo,
O por aquellos cerros, les sale el gavilán.
Con esta me despido, paloma alborotada
Ya estoy comprometido y no te puedo amar,
Ya tengo otra paloma que hallé por otra tierra,
Una linda morena que ocupa to lugar.

PAN DULCE

By DAVID TORRES

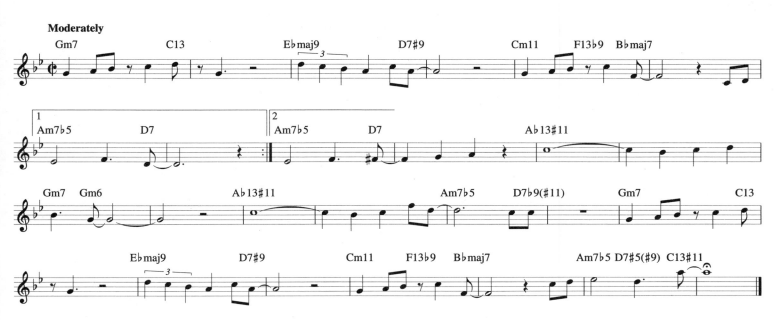

PAPA LOVES MAMBO

Words and Music by AL HOFFMAN,
DICK MANNING and BIX REICHNER

Mambo

Pa-pa Loves Mam - bo. Ma-ma loves mam - bo. Look at 'em sway_ with it, Get-tin' so gay _ with it,

Shout-in' "O - lay!"_ with it, Wow! Pa-pa Loves Mam - bo. Ma-ma loves mam - bo.

Pa-pa does great_ with it, Swings like a gate _ with it, he los-es weight_ with it now. He goes to ____

She goes fro ____ He goes fast ____ She goes slow ____

He goes left ____ She goes right ____ Pa - pa's

look-in' for ma - ma But ma-ma is no _ where in sight. Uh! Pa - pa Loves Mam - bo.

Ma-ma loves mam - bo. Hav-in' their fling _ a - gain, Young-er than spring _ a-gain,

Feel-in' that zing _ a-gain, Wow! Uh! Pa-pa Loves Mam - bo. Ma-ma loves mam - bo.

Don't play the rhum - ba and don't play the sam - ba 'Cause Pa-pa Loves Mam - bo to - night. Uh! night. Uh!

PARE COCHERO

Words and Music by MIGUEL ANGEL BANGUELA
and MARCELINO GUERRA

Montuno

(Instrumental)

Soy un chi - co de -

PERDIDA

Words and Music by
J.J. "CHUCHO" NAVARRO

PASSARIM

Words and Music by
ANTONIO CARLOS JOBIM

Portuguese Lyrics

Passarim quis pousar, não deu, voou
Porque o tiro partiu mas não pegou
Passarinho me conta então me diz
Por que que eu também não fui feliz

   Me diz o que eu faço da paixão
   Que me devora a coração Que me devora a coração
   E o mato que ébom, o fogo queimou
   Cadê o fogo, a água apagou
   E cadê a água, o boi bebeu
   Cadê o amor, o gato comeu
   E a cinza se espalhou e a chuva carregou
   Cadê meu amor que o vento levou

Passarim quis pousar, não deu, voou
Porque o tiro feriu mas não matou
Passarinho me conta então me diz
Por que que eu também não fui feliz

   Cadê meu amor minha canção
   Que me alegrava o coração que me alegrava o coração
   Que iluminava o coração que iluminava a escuridão
   Cadê meu caminho a água levou
   Cadê meu rastro, a chuva a pagou
   E a minha casa, o rio carregou
   E o meu amor me abandonou
   Voou, voou, voou, Voou, voou, voou
   E passou o tempo e o vento levou

Passarim quis pousar...

   Cadê meu amor minha canção
   Que me alegrava o coração, Que me alegrava o coraçao
   Que iluminava o coração Que iluminava a escuridão
   Cadê meu caminho a água levou
   Cadê meu rastro, a chuva apagou
   E a minha casa, o rio carregou
   E a meu amor me aban donou
   Voou, voou, voou, Voou, voou, voou
   E passou o tempo e o vento levou

Passarim quis pousar...

   Cadê meu amor minha canção
   Que me alegrava o coração, Que me alegrava o coração
   Que iluminava o coração, Que iluminava a escuridão
   E a luz da manhã, o dia queimou
   Cadê o dia, envelheceu
   E a tarde caiu e o sol morreu
   E de repente escureceu
   E a lua então brilhou
   Depois sumiu no breu
   E ficou tão frio que amanheceu

Passarim quis pousar...

PATRICIA, IT'S PATRICIA
(Patricia)

English Words by BOB MARCUS
Original Music by DAMASO PEREZ PRADO

THE PEANUT VENDOR
(El Manisero)

English Words by MARION SUNSHINE and L. WOLFE GILBERT
Music and Spanish Words by MOISES SIMONS

Quick Rhumba

1.,3. In Cu - ba, each mer - ry maid wakes up with this se - re - nade: Pea - nuts! ___
2. In Cu - ba, his smil - ing face is wel - come most ev - 'ry place; Pea - nuts! ___

___ They're nice ___ and hot, Pea - nuts! _____ I sell ___ a lot. If you have - n't got ba -
___ They hear ___ him cry, Pea - nuts! _____ They all ___ re - ply. If you're look - ing for an

na - nas, don't ___ be blue, pea - nuts in a lit - tle bag are call - ing you. Don't waste them
ear - ly morn - ing treat, get some doub - le joint - ed pea - nuts good ___ to eat. For break - fast

no tum - my ache, you'll taste them when you ___ a - wake. For at the ver - y break ___ of day,
or din - ner time, for sup - per, most an - y time. A mer - ry twin - kle in _____ his eye,

the pea - nut ven - dor's on _____ his way. _____ At dawn - ing that whis - tle blows
he's got a way ___ that makes ___ you buy. _____ Each morn - ing that whis - tle blows

Through ev - 'ry cit - y, town, ___ and coun - try lane, you'll hear him sing his plain - tive lit - tle strain.
The lit - tle chil - dren like ___ to trail ___ a - long, they love to hear the pea - nut ven - dor's song.

And as he goes by _____ to you ___ he'll say: ___ Big Jum - bo's, big doub - le ones, come buy those
They all laugh with glee ___ when he ___ will say: ___ They're roast - ed, no ti - ny ones, they're toast - ed,

pea - nuts roast - ed to - day. ___ Come try those fresh - ly roast - ed to - day! If you're look - ing for a
pea - nuts hot in the shell. ___ Come buy some, I eat more than I sell! ___ If an ap - ple keeps the

1st time D.C.
2nd time D.C. al Coda

mor - al to _____ this song, fif - ty mil - lion lit - tle mon - keys can't ___ be wrong.
doc - tor from ___ your door, pea - nuts ought to keep him from you ev - er more.

CODA

Pea - nuts! _____ we'll meet a - gain. Pea - nuts! _____ this street ___ a - gain.

Pea - nuts! _____ you'll eat ___ a - gain, your pea - nut man, that pea - nut man's gone.

PEDACITO DEL CIELO

Words and Music by
FRANK DOMINGUEZ

PERDÓN

Words and Music by
PEDRO FLORES

dón, _____ ca - ri - ñi - to a ma - do, _____ án - gel a - do -
que _____ to - do lo que an - sí - o _____ es que el a - mor

ra - do, _____ da - me tu per - dón. _____ Ja -
mí - o _____ vi - va por tu a -

[1] mor. _____ Tú bien sa - bes que te

quie - ro, _____ que en tí vi - ve la es - pe -

ran - za _____ de la di - cha _____ que se al -

can - za _____ cuan - do a - ma, _____ cuan - do a - ma el _____ co - ra -

[1] zón. _____
[2] zón. _____

¿PERO PORQUE?

By JOSÉ AVILES

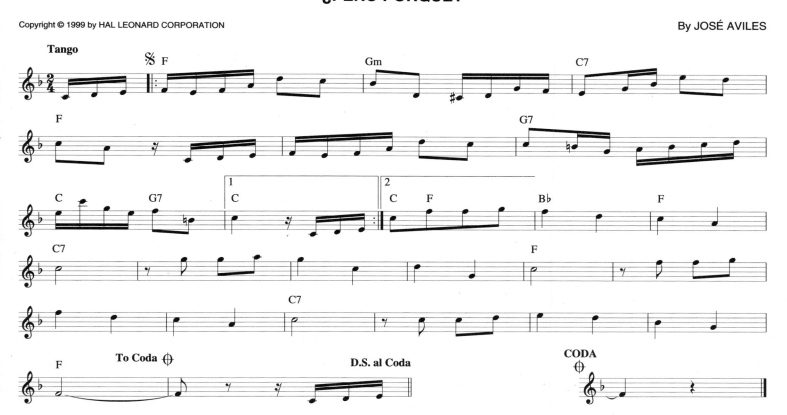

PERDÓNAME, OLVIDALO

Words and Music by
JUAN GABRIEL

PERFIDIA

Words and Music by
ALBERTO DOMINGUEZ

PERFUME DE GARDENIA

Words and Music by
RAFAEL HERNÁNDEZ

PERIQUITO

Lyrics by NANETTE NORIEGA
Music by TITO GUIZAR

PLAYERA, Op. 5, No. 5

By ENRIQUE GRANADOS

PERSUASION

Copyright © 1969 by Careers–BMG Music Publishing, Inc.
Copyright Renewed

Words and Music by
GREGG ROLIE

PIEL CANELA

Copyright © 1953 by Edward B. Marks Music Company
Copyright Renewed

By BOBBY CAPO

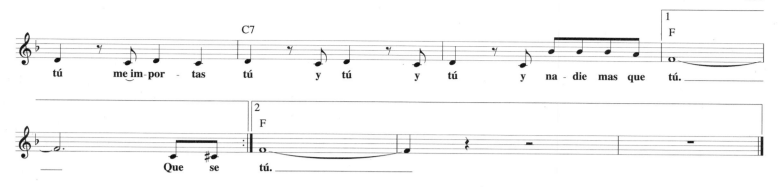

tú   me im-por-tas tú   y tú y tú   y na-die mas que tú. _____

Que se   tú. _____

PIENSA EN MI

Words and Music by
MARIA TERESA LARA

Pien-sa en mí _____   cuan-do bes-es   cuan-do llor-es   tam-bi -

én   pien-sa en mí   cuan-do quie-ras   qui-tar-me _____   la

vi-da   no la quie-ro,   pa-ra na-da   pa-ra na-da me

sir-ve sin ti. _____   Si ti-

en - es un-hon - do pen-ar   pien-sa en mí,   si ti-en-es gan-as de

llo-rar   pien-sa en mí.   Ya ves _____ que ve-ne - ro _____   tu i-mag-en di-

va-na   tu pár-vu-la bo-ca que sien-do tan ni-ña me en-se-ño a _____ pec-ar.

Pien-sa en   quie-ro   pa-ra na-da _____   pa-ra na-da me sir-ve _____ sin-

ti, _____   sin ti, _____   sin _____ ti. _____

POBRE GITANA

Words and Music by
RAFAEL HERNÁNDEZ

POINCIANA
(Song of the Tree)

Words by BUDDY BERNIER
Music by NAT SIMON

PONTE DURO

Words and Music by
JOHNNY PACHECO

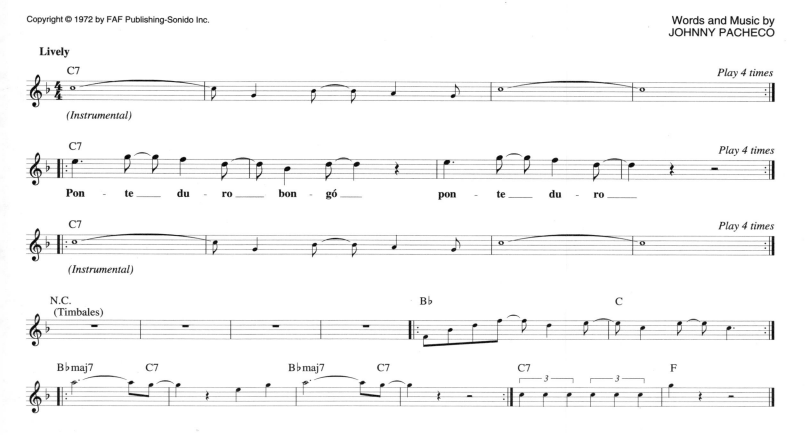

PONTEIO

By EDU LOBO and
JOSE CARBOS CAPINAN

Baião

F#m(maj7)

1. E - ra um, e - ra dois, e - ra cem, ___ e - ra o mun - do che - gan - do e nin - guem,
2., D.C. (See additional lyrics) E - ra um, e - ra dois, e - ra cem, vi - e - ram prá me per - gun - tar, ___

Gmaj9

que sou - bes - se que eu sou vi - o - lei - ro, que me des - se o a - mor ou di - nhei - ro.
ô vo - cê de on - de vai, de on - de vem, ___ di - ga lo - go o que tem prá con - tar. ___

Bm9   Bm9/A

Pa - ra - do no me - io do mun - do sen - tí che - gar meu mo - men -

Dmaj9   Dmaj9/C#   Bm9   Bm9/A

to, o - lhei pro mun - do e nem vi - a nem som - bra, nem sol, nem ven -

G#m7   C#7   F#6/9   E6/9

- to. ___ Quem me de - ra a - go - ra eu ti - ves - se a vi -

F#6/9   E6/9   F#6/9   E6/9

o - la prá can - tar, ___ quem me de - ra a - go - ra eu ti - ves - se a vi -

F#6/9   To Coda   1 E6/9   2 E6/9

o - la prá can - tar. ___ Prá can - tar.

F#m(maj7)

(Instrumental)

F#m(maj7)   Gmaj9   D.C. al Coda

CODA

E6/9   B7   C#7   B7   C#7   B7   C#7

B7 C#7 B7 C#7 D7   E7   D7   E7   D7   E7   D7 E7 D7 E7

A

A   G   A   G   Play 4 times

Quem me de - ra a - go - ra eu ti - ves - se a vi - o - la prá can - tar. ___

A   G   A   G

Prá can - tar, ___ pon - ti - ar, prá can - tar, ___ pon - ti - ar.

Quem me de - ra a - go - ra eu ti - ves - se a vi - o - la prá can - tar.

Additional Lyrics

2. Era um dia, era claro, quase meio,
   era um canto calado sem ponteio,
   violencia, viola violeiro,
   era morte, metal, meu enterro.

   Era um dia, era claro, quase meio,
   tinha um que jurou me quebrar,
   mas não lembro de dor nem receio,
   só sabia das ondas do mar.

   Jogaram a viola no mundo
   mas fui lá no fundo buscar,
   se eu tomo a viola, ponteio,
   meu canto não posso parar, não.

   Quem me dera agora eu tivesse   (etc.)

D.S. Era um, era dois, era cem,
   era um dia, era claro, quase meio
   encerrar meu cantar já convem,
   prometer um novo ponteio

   Sete dias de ser por inteiro,
   eu espero não vá demorar,
   esse dia estou certo que vem,
   diga logo a que vem prá buscar.

   Correndo no meio do mundo,
   não deixo a viola de lado,
   vou ver o tempo mudado,
   novo lugar prá cantar–a.

   Quem me dera agora eu tivesse   (etc.)

POR ELLA

Words and Music by JULIO IGLESIAS,
RAMON ARCUSA and MANUEL DE LA CALVA

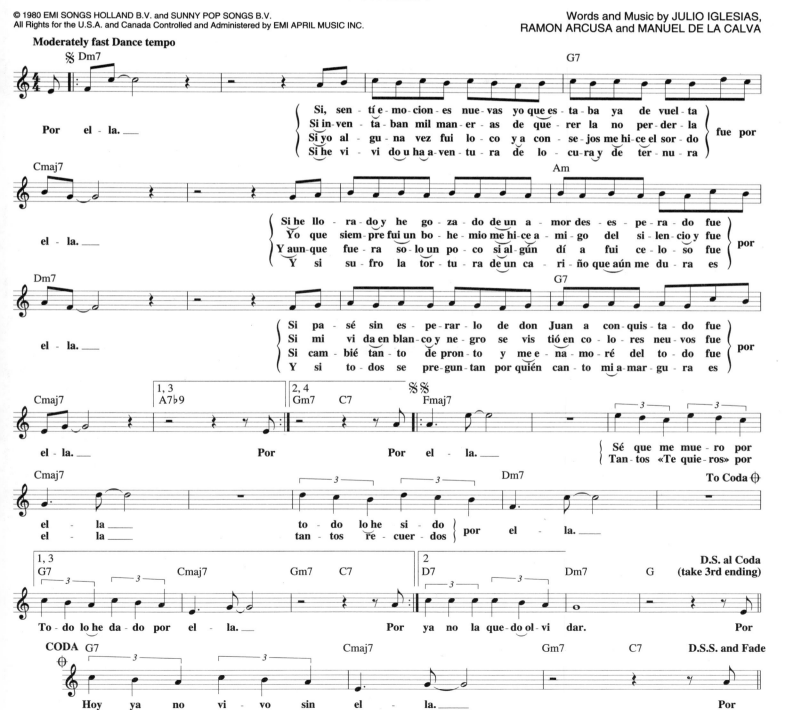

POR ESO TE QUIERO

English Lyric by ALBERT STILLMAN
Spanish Words and Music by ERNESTO LECUONA

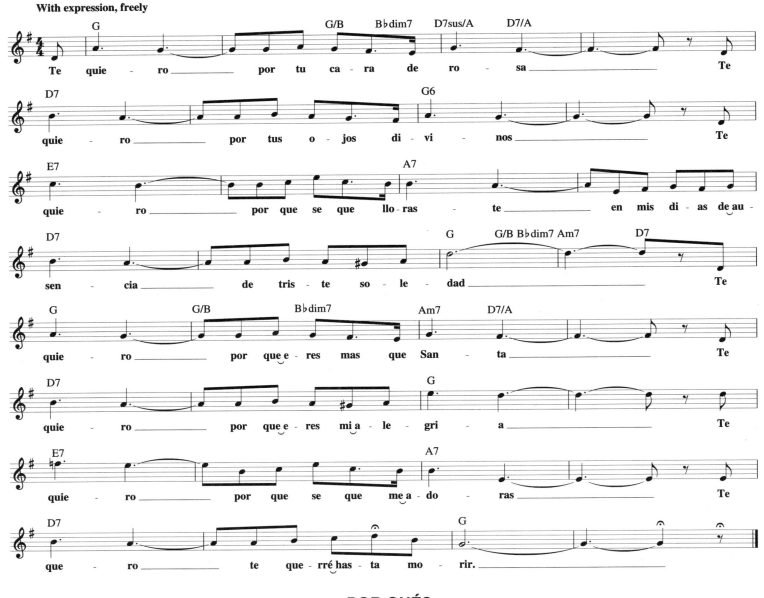

¿POR QUÉ?

Words and Music by
MARIO CLAVELL

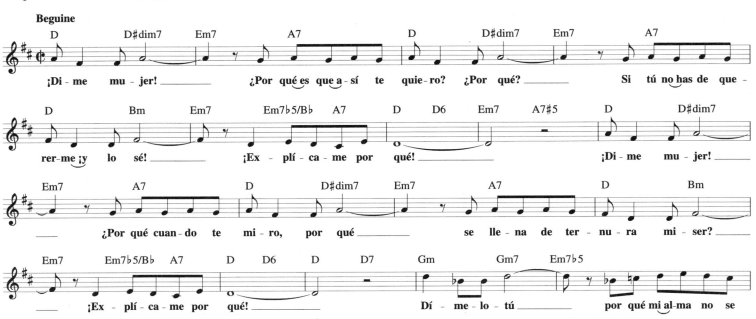

¿POR QUÉ?

By CAVALDO FRESEDO

POR AMOR

Words and Music by
RAFAEL SOLANO

PORQUE TÚ LO QUIERES

Words and Music by
MARIO CLAVELL

POR UNA CABEZA

Lyrics by ALFREDO LE PERA
Music by CARLOS GARDEL

PORQUE SÍ

Words and Music by
MARIO CLAVELL

Es un re-cuer-do más que en mi co-ra-zón llo-ran-do es-tá. Por-que nos

vi - mos, y nos qui-si-mos por-que sí, no más __ por-que sí. Y lue-go, ¡me-jor no ha-

D.S. al Coda
(take 3rd ending)
To Coda

CODA

ble - mos! Nos ol-vi-da-mos tam-bién por-que sí. Nos sí. __

PORQUE TÚ ME ACOSTUMBRASTE

Words and Music by
FRANK DOMINGUEZ

Moderately

Tú me a-cos-tum-bras-te __ a to-das e-sas co-sas. __

Y tú me en-se-ñas-te __ que son ma-ra-vi-llo-sas. __

__ Su - til lle-gas-te a mi co-mo la ten-ta - ción __

__ lle - nan - do de in-quie-tud __ mi co-ra - zón.

__ Yo no con-ce-bí - a co-mo se que-rí - a __

en tu mun-do ra-ro y por tí a-pren-dí. __

Por e - so me pre-gun-to al ver que me ol-vi-das-te __

por qué no me en-se-ñas-te co-mo se vi-ve __ sin tí.

Tú me a-cos-tum- tí. __

PRECIOSA

Words and Music by
RAFAEL HERNÁNDEZ

 cio - sa, te lla - man los hi - jos de la li - ber - tad. Pre -

hi - jos de la li - ber - tad.

PUEBLO LATINO

Words and Music by
C. CURET ALONSO

Pue - blo la - ti - no ____ de cual - quier ciu - dad, ha lle - ga - do la ho - ra ____

____ de ____ la u - ni - dad. Ha so - na - do la ho - ra ____ del ____ es - tre -

- chón de ma - nos, co - mo ____ pro - tec - ción. ____ Pue - blo la - ti - no

de ____ cual - quier ____ ba - rrio, de ____ cual - quier ciu - dad. ____ Tu

ho - ra ha so - na - do. ____ U - ne - te, ____ ú - ne - te.

Por qué en la u - ni - dad ____ es ____ que es - tá la fuer - za

mo - nu - men - tal ____ que nos pue - de sal - var de ____ la in - fe - li - ci -

- dad. Que nos pue - de sal - var de ____ la in - fe - li - ci - dad.

Pue - blo la - ti - no de cual - quier ciu - dad o ba - rrio, ____

u - ne - te que ha lle - ga - do la ho - ra de es - tre -

char - nos las ma - nos ____ co - mo pro - tec - ción, co - mo pro - tec - ción.

(Instrumental)

PREGUNTALES A LAS ESTRELLAS

Traditional

PURA NOVELA

Words and Music by
C. CURET ALONSO

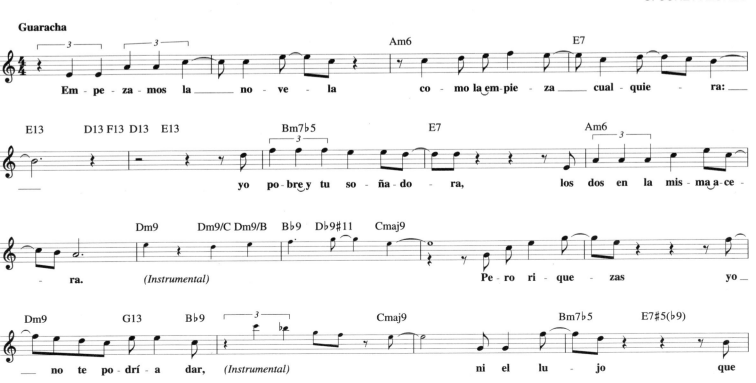

Em-pe-za-mos la ___ no-ve-la co-mo la em-pie-za ___ cual-quie-ra:

yo po-bre y tu so-ña-do-ra, los dos en la mis-ma a-ce-

ra. (Instrumental) Pe-ro ri-que-zas yo

___ no te po-drí-a dar, (Instrumental) ni el lu-jo que

353

QUE SEA MI CONDENA

Words and Music by
JUAN GABRIEL

¿QUÉ SERÁ DE MÍ?

Words and Music by
MARIO CLAVELL

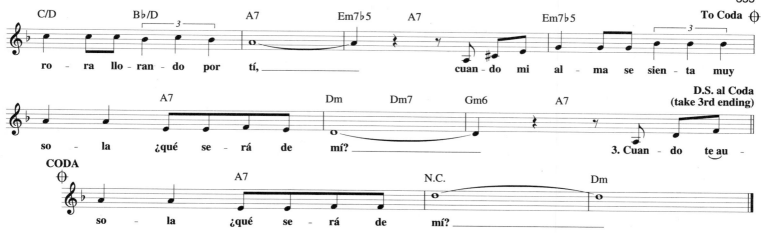

ro - ra llo-ran-do por tí, _____ cuan-do mi al - ma se sien-ta muy

so - la ¿qué se - rá de mí? _____ 3. Cuan - do te au -

CODA

so - la ¿qué se - rá de mí? _____

QUEDATE CONMIGO ESTA NOCHE

Words and Music by
JUAN GABRIEL

Moderate Rock

Que-da-te con-mi-go es-ta no-che, te in-vi-to u - na co-pa, te can-ta-ré can-cio-nes que di-cen co-sas

be - llas. _____ Que-da-te con - mi-go es - ta no-che, y com-par-ta-mos

jun-tos su ma-gia ne-gra en e - lla. _____ Que-da-te con - mi-go es - ta

no-che, ha-ga-mos u - na fies-ta ba-jo la lu-na lle - na. Con - ta-re-mos las es -

tre - llas a ver quien cuen-ta más. El que ga-ne des-ta-pa la cham -

pa - ña, se que-da has-ta ma - ña-na ven que te voy a en-se - ñar. _____ Ves a-quel lu -

(1., 3.) ce - ro que bri-lla en el cie - lo, es el que con-ce-de los tres de - se-os a - yer yo

(2.) ce - ro pí - de-le tres de - se-os, mien-tras yo te ad-mi-ro y te re-pi-to que te quie-ro a-mor. Hoy le pi -

le pe - dí. _____ Que es-ta no-che vi-nie - ras, que con-mi-go es-tu-vie -

do por tí. _____ Que a tí se te rea-li - cen los de-se-os que pe-dis -

1,3 N.C.   **2** N.C.

- ras, y di-je-ras si. _____ Al buen lu -

- te y que seas fe - liz. _____ Ves a-quel lu -

4

QUE TE VAYA BONITO

Words and Music by
JOSE ALFREDO JIMENEZ

QUEIXA

Words and Music by
CAETANO VELOSO

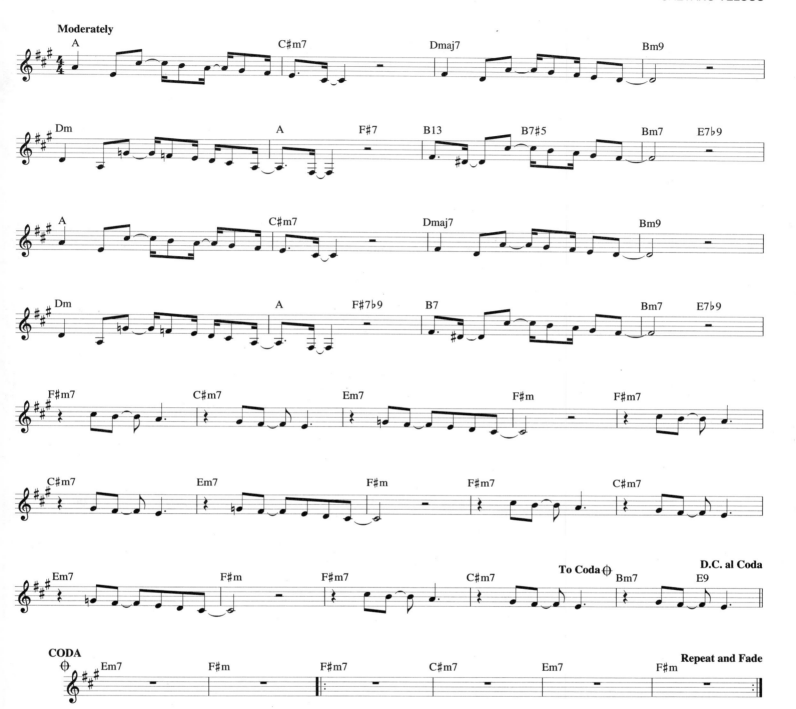

Lyrics

1. Um amor assim delicado
   Você pega e despreza
   Não o devia ter desperatado
   Ajoelha e reza
   Dessa coisa que mete medo
   Pela sua grandeza
   Não sou o único cúlpado
   Disso eu tenho certeza

   Princesa
   Surpresa
   Você me arrasou
   Serpente
   Nem sente que me envenenou
   Senhora e agora
   Me diga onde eu vou
   senhora serpente
   Princesa

2. Um amor assim violento
   Quando torna-se magoa
   E o avesso de um sentimento
   Oceano sem água
   Ondas desejos de vingança
   Nessa desnatureza
   Batem forte sem esperança
   Contra a tua dureza

   Princesa
   Surpresa
   Você me arrasou
   Serpente
   Nem sente que me envenenou
   Senhora e agora
   Me diga onde eu vou
   Senhora serpente
   Princesa

3. Um amor assim delicado
   Nenhum homen daria
   Talvez tenha sido o pecado
   Apostar na alegria
   Você pensa que eu tenho tudo
   E vazio me deixa
   Mas deus não quer que eu fique mudo
   E eu te grito essa queixa

   Princesa
   Surpresa
   Você me arrasou
   Serpente
   Nem sente que me enveneou
   Senhora e agora
   Me diga onde eu von
   Amiga
   Me diga

QUERIDA

Words and Music by
JUAN GABRIEL

QUIERO AMANECER CON ALGUIEN

By DANIELA ROMO
and BEBU SILVETTI

QUIERO VIVIR LA VIDA AMÁNDOTE
from the TriStar Motion Picture THE MASK OF ZORRO

Music by JAMES HORNER
English Lyric by WILL JENNINGS
Spanish Lyric by EMILIO ESTEFAN JR. and ANGIE CHIRINO

QUIET NIGHTS OF QUIET STARS
(Corcovado)

English Words by GENE LEES
Original Words and Music by ANTONIO CARLOS JOBIM

QUIERO DORMIR CANSADO

Words and Music by MANUEL ALEJANDRO
and ANA MAGDALENA

QUIET VILLAGE

Words by MEL LEVEN
Music by LESLIE BAXTER

mem-'ry of you ___ prom-is-ing you'd al-ways be true ___ to me ___ be true to

me. A-bove me ___ there's a moon on fire, ___ tell-ing you to

love me ___ as I de-sire, ___ and ev-er the flame ___ in my Qui-et

Vil-lage will burn, ___ darl-ing till the day you re-turn ___ to me, ___ re-turn to

me, re-turn to me. ___ A me. ___

QUIJOTE

Words and Music by JULIO IGLESIAS, MANUEL DE LA CALVA,
RAMON ARCUSA and GIOVANNI BELFIORE

Moderately fast

1. Soy de aquel-los que sue-ñan con la li-ber-tad
2. Y me gus-tan las gen-tes que son de ver-dad
3., 4. (See additional lyrics)

ca-pi-tán de un ve-lero que no tie-ne mar
ser bo-he-mio poe-ta y ser gol-fo, me va

Soy de aquel-los que vi-ven bus-can-do un lu-gar ___
Soy can-tor de si-len-cios que no vi-ve en ___ paz ___

Soy Quij-o-te de un tiem-po que no tie-ne e-dad. ___
que pre-su-me de ser es-pa-ñol don-de va.

Y mi Dul-ci-nea ¿don-de es-ta-rás? que tu a-mor no es fá-cil de en-con-

trar quise ver tu cara en ca-da mu-jer tan-tas ve-ces yo so-

ñe tan-tas ve-ces tu que-rer

Additional Lyrics

3. Soy feliz con un vino y un trozo de pan
   y también, como no! con caviar y champán
   soy aquel vagabundo que no vive en paz
   me conformo con nada, con todo, y con mas

4. Tengo miedo del tiempo que fácil se va
   de las gentes que hablan, que opinan de mas
   y es que vengo de un mundo que está mas allá
   soy Quijote de un tiempo que no tiene edad

QUISIERA SER

Lyrics by POUPEE
Music by MARIO CLAVELL

QUITATE TÚ

Words and Music by JOHNNY PACHECO
and BOBBY VALENTIN

Additional Lyrics

3. De donde viene este prieto
   Se pregunta mucha gente,
   De la cantera de Ponce vengo yo
   Con este ritme caliente.

4. Ahora yo traigo un ritmo
   Este es un ritmo moruno
   Y yo vengo con la Fania caballero
   Cantando mi son montuno.

QUIZÁS, QUIZÁS, QUIZÁS
(Perhaps, Perhaps, Perhaps)

Music and Spanish Words by OSVALDO FARRES
English Words by JOE DAVIS

QUITATE LA MASCARA

Words and Music by
HUGO GONZALEZ

Additional Lyrics

3. Me diste a comer pescao, sin tú sacarle la espina
   De postre diste estrinina con tu savor a melao.

4. Tú me pusiste la trampa para que en ella cayera
   De rodilla no me toques porque para mi guaguancó.

RICO VACILON
Cha Cha Chá

Words and Music by
ROSENDO RUIZ Q.

RAYITO DE LUNA

Words and Music by
J.J. "CHUCHO" NAVARRO

REGÁLAME ESTA NOCHE

Words and Music by
ROBERTO CANTORAL

RESEMBLANCE

Written by EDDIE PALMIERI

ROMANCE DE AMOR

By PAUL DESMOND

ROSA

Words and Music by
AGUSTIN LARA

Moderately

Mi vi - da, tris - te jar - dín tu - vo el en -
can - to de tus per - fum - es y tu car - mín. Bro - tas - te
de la il - u - si - ón y per - fum - as - te con tus re - cuer - dos mi co - ra -
- zón. Ro - sa des - lum - bran - te,
di - vi - na Ro - sa que in - can - dio mi a - mor.
er - es en mi vi - da re - me - dio de la he - ri - da que ot -
ro a - mor de - jó. Ro - sa pal - pi -
tan - te que en un in - stan - te mi al - ma cau - ti vú.
Ro - sa, la más her - mo - sa, la
pri - mo - ro - sa flor que me ser - per - tu - mó. *(Instrumental)*
Que en un in - stan - te mi al - ma cau - ti -
vó. Ro - sa, la más her - mo - sa,
la pri - mo - ro - sa flor que mi ser per - tu - mó.

RUBIAS DE NEW YORK

Lyrics by ALFREDO LE P.
Music by CARLOS GAR

SABOR A MÍ
(Be True To Me)

Original Words and Music by ALVARA CARILLO
English Words by MEL MITCHELL

SAMBA CANTINA

By PAUL DESMOND

SABRÁS QUE TE QUIERO

Words and Music by
TEDDY FREGOSO

SAMBA DE ORFEU

Words by ANTONIO MARIA
Music by LUIZ BONFA

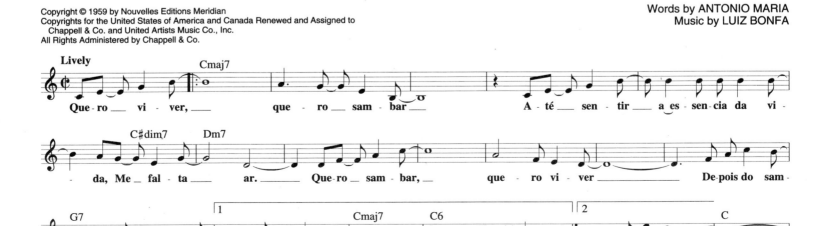

Quem - qui - zer _____ gos - tar - de mim. _____ Se qui - zer _____ vai - ser - as - sim _____ Va - mos _ vi - ver, _____ va - mos _ sam - bar _____ Se a fan - ta - sia _____ ras - gar, Meu a - mor, eu com - pro ou - tra _____ Va - mos _ sam - bar va - mos vi - ver _____ O sam - ba é _____ livre, Eu sou livre tam - bem, A - te mor - rer. _____

SAMBA DEES DAYS

By CHARLIE BYRD

SAMBA FOR CLAUDIO

By HENDRIK MEURKENS

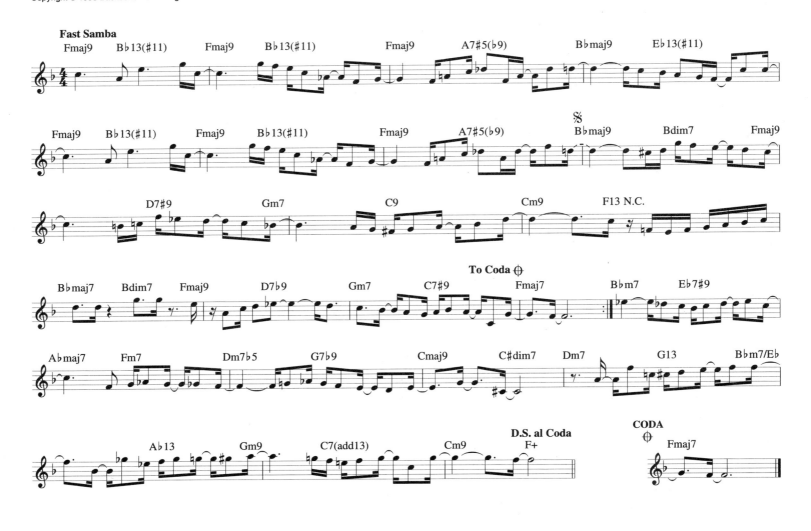

SAMBA PA TI

Words and Music by
CARLOS SANTANA

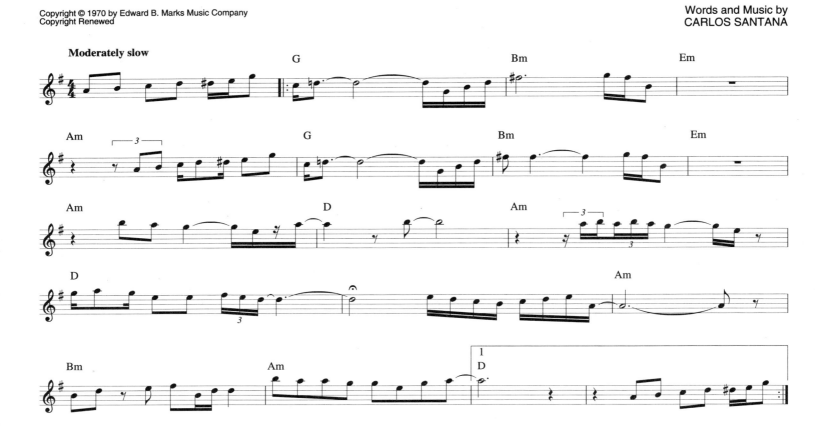

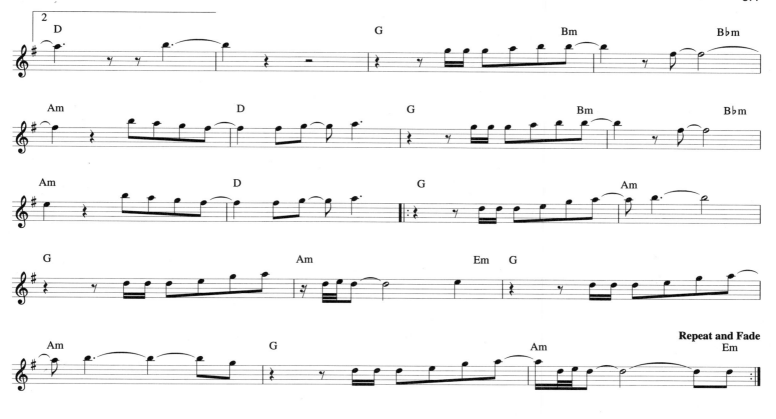

SAMBROSO

By DAVID TORRES

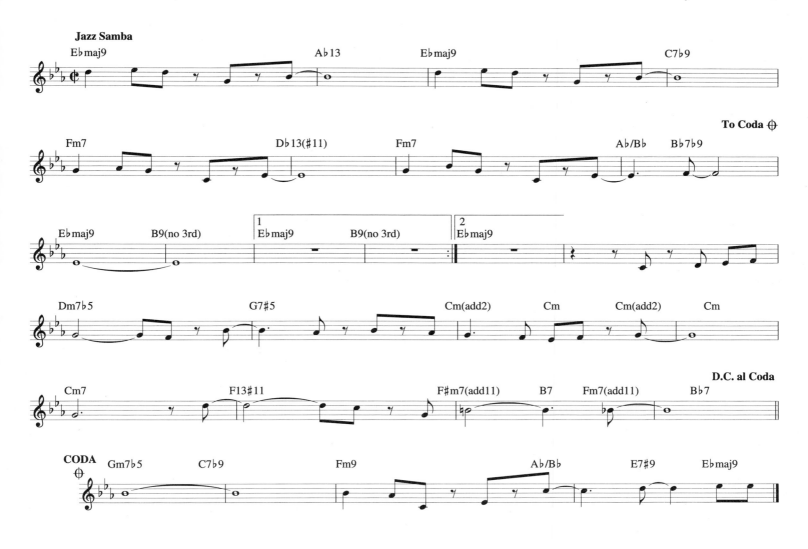

SAY "SI, SI"

Music by ERNESTO LECUONA
Spanish Words by FRANCIA LUBAN
English Words by AL STILLMAN

SE A CABO

Words and Music by
JOSÉ AREAS

Moderate Latin beat

SE ME HIZO FACIL

Words and Music by
AGUSTIN LARA

SE ME OLVIDÓ OTRA VEZ

Words and Music by
JUAN GABRIEL

SE TRABA

Words and Music by
ROBERTO RODRÍGUEZ

Additional Lyrics

2. Para bai, para bai, para bailar este son
Guíllate de guapetón.
Para bailar este son, guíllate de guapetón
Y cuando se trabe el son,
Aprieta sin compasión.

3. Preparen, preparen, prepárense bailadores
Que cuando se trabe el son
Prepárense bailadores que cuando se trabe el son
Comienza la confusión
Y se forma el vacilón.

SEÑOR MOUSE

By CHICK COREA

SHE'S A CARIOCA

Lyric by RAY GILBERT
Music by ANTONIO CARLOS JOBIM
Portugese Lyric by VINICIUS DE MORAES

SI DIOS ME AYUDA

Words and Music by
JUAN GABRIEL

SI EL AMOR LLAMA A TU PUERTA

Words and Music by
RAY GIRARDO

SI NOS DEJAN

Words and Music by
JOSE ALFREDO JIMENEZ

Si nos de - jan, nos va - mos a que - rer to - da la vi - da. Si nos
de - jan, nos va - mos a vi - vir a un mun - do nue - vo. Yo
cre - o po - de - mos ver el nue - vo a - ma - ne - cer de un nue - vo dí - a. Yo
pien - so que tú y yo po - de - mos ser fe - li - ces to - da - ví a. Si nos
de - jan, bus - ca - mos un rin - cón cer - ca del cie - lo. Si nos
de - jan, ha - re - mos con la nu - bes ter - ci - o - pe - lo y a -
hí jun - ti - tos los dos cer - qui - ta de dios se - rá lo que so - ña - mos.
Si nos de - jan te lle - vo de la ma - no co - ra - zón y a - hí nos
va - mos. Si nos va - mos. Si nos de - jan, de
to - do lo de - más los ol - vi - da - mos, _____ (Instrumental)
si nos de - jan.

SI MADAME

Words and Music by JULIO IGLESIAS, GIANNI BELFIORE,
RAMON ARCUSA, DARIO FARINA and EZIO PIGGIOTTA

SI NO ERES TÚ

Words and Music by
PEDRO FLORES

SIEMPRE EN MI CORAZON
(Always In My Heart)

Music and Spanish Words by ERNESTO LECUONA
English Words by KIM GANNON

SIEMPRE EN MI MENTE

Words and Music by
JUAN GABRIEL

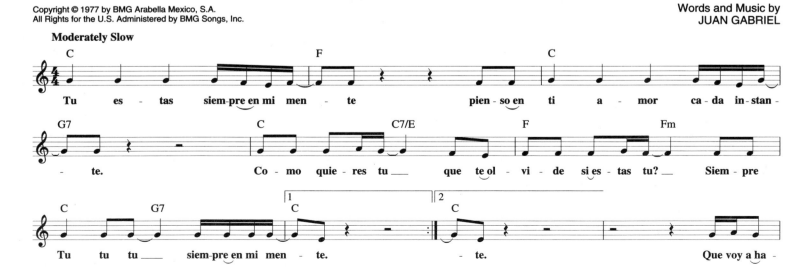

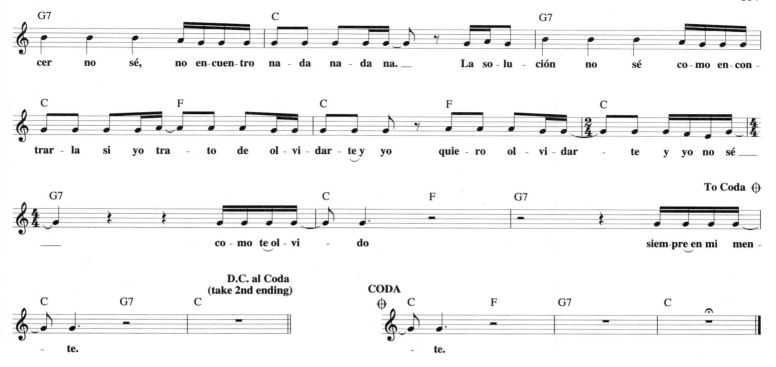

G7

cer no sé, no en-cuen-tro na - da na-da na. __ La so-lu - ción no sé co-mo en-con-

C · F · C · F · C

trar - la si yo tra - to de ol-vi-dar-te y yo quie-ro ol-vi-dar - te y yo no sé __

G7 · C · F · G7 · **To Coda**

__ co - mo te ol-vi - do siem-pre en mi men -

D.C. al Coda
(take 2nd ending)

C · G7 · C

- te.

CODA

C · F · G7 · C

- te.

SIEMPRE ME VA BIEN

Copyright © 1985 Edson Publishing Co.

By DAVID TORRES

Moderately

SILENCIO

Words and Music by
RAFAEL HERNANDEZ

SIMILAU
(See—me—lo)

Words by HARRY COLEMAN
Music by ARDEN CLAR

lau. ____

When de wom-an come up-on de scene ____

drop de pet-al from de tree.

Fling de moun-tain up in-to de sky. ____

Spill de riv-er in de sea.

Spir-it in de wood let de hol-low cane ____

ech-o in de aft-er glow.

Wait-ing for de flame to burn a-gain ____

Ay, Sim-i-lau. ____

SIN REMEDIO

Words and Music by
JESUS CHUCHO NAVARRO

Moderately

(Instrumental)

Sin re-me-di-o que lla-no ten-go re-

me-di-o pues ña-ran-can-do mi al-ma ____ po-dre bor-rar tu pa-sío.

Sin re-me-di-o que lla-no po-dre ol-vi-dar-te por-que te lle-ro en la-

-san-gre ____ que mue-ve mi co-ra-zón. Sin re-me-di-o

sin ti no ten-go re-me-di-o. Y aun-que es-ver-quen-za ro-gar-te ____ a que cal-mas ____ mi do-

lor. Sin re-me-di-o e ve-ni-do a su-pli-car-te ____

ya de-cir-te que es-toy lo-co ____ sin re-me-di-o por tu a-mor.

(Instrumental)

SIN TÍ

Words and Music by
PEPE GUIZAR

SIN UN AMOR

Words and Music by ALFREDO GIL
and JESUS CHUCHO NAVARRO

SÓ DANÇO SAMBA
(Jazz 'n' Samba)

English Lyric by NORMAN GIMBEL
Original Text and Music by VINICIUS DE MORAES
and ANTONIO CARLOS JOBIM

SOLEDAD
(Solidao)

By CHICO ROQUE and CARLOS COLLA
Spanish Lyrics by ANA GABRIEL

Lyrics

1. Soledad
De un tiempo va salindo
De repiente estoy sentiendo
Que contigo estoy muy mal

2. Soledad
Algo nuevo esta faltando
El temor esta llegando
Ambrazando todo en mi, en mi, en mi

Mas soledad, que nada
Porque llega sin llamarla
Cuando ya no la quiero aqui
Mas soledad, que nada
Yo preciso ser amada
Necesito ser feliz

3. Soledad
El me dice que me ama
Se amarro a mi con calma
Me hace suya y se me va, va, va

SOLO

Words and Music by
ALFREDO GIL

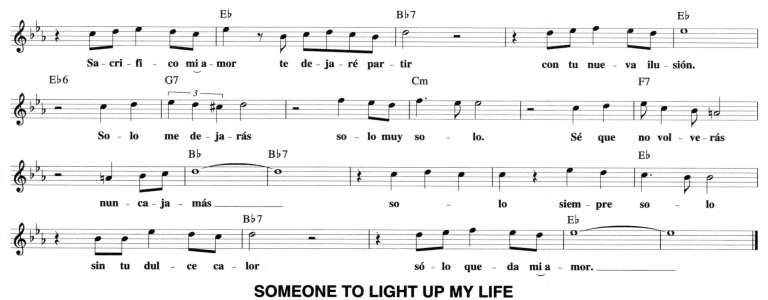

Sa - cri - fi - co mi a - mor te de - ja - ré par - tir con tu nue - va ilu - sión.

So - lo me de - ja - rás so - lo muy so - lo. Sé que no vol - ve - rás

nun - ca - ja - más _____ so - lo siem - pre so - lo

sin tu dul - ce ca - lor só - lo que - da mi a - mor. _____

SOMEONE TO LIGHT UP MY LIFE
(Se Todos Fossem Iguais a Voce)

English Lyric by GENE LEES
Original Text by VINICIUS DE MORAES
Music by ANTONIO CARLOS JOBIM

Medium Samba

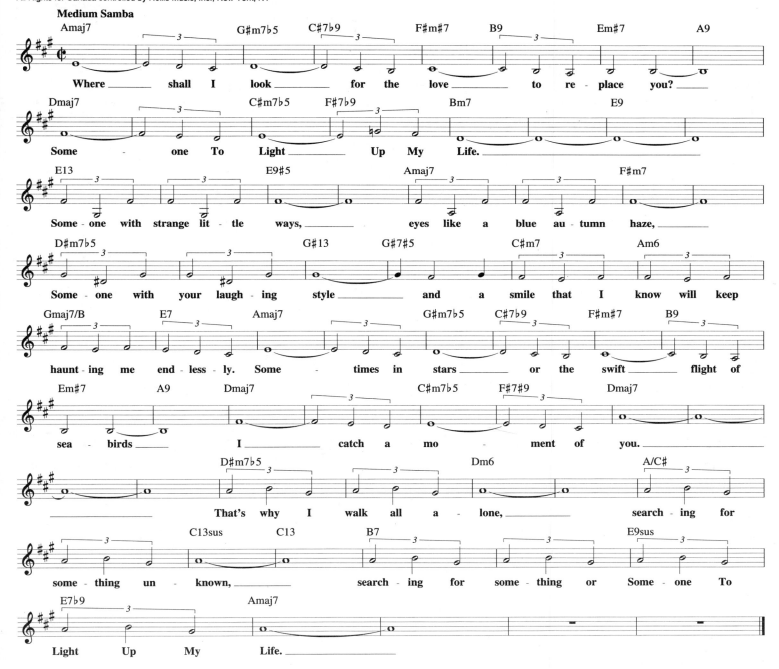

Where _____ shall I look _____ for the love _____ to re - place you?

Some - one To Light _____ Up My Life.

Some - one with strange lit - tle ways, _____ eyes like a blue au - tumn haze, _____

Some - one with your laugh - ing style _____ and a smile that I know will keep

haunt - ing me end - less - ly. Some - times in stars _____ or the swift _____ flight of

sea - birds _____ I _____ catch a mo - ment of you. _____

That's why I walk all a - lone, _____ search - ing for

some - thing un - known, _____ search - ing for some - thing or Some - one To

Light Up My Life. _____

SOMOS

Words and Music by
MARIO CLAVELL

SOY ANTILLANA

Words and Music by
MARYLIN PUPO

Guaracha

Co - mo me sien - to tan __ an - ti - lla - na me an - dan pi - dien - do de - fi - ni - ción.

(D.S.) 1. Co - mo me mis - mo yo __ soy cu - ba - na, do - mi - ni -
2. Por - que lo si - ble de - cir qué sien - to, que per - te -
(D.S.) 3. Y no es po -

ca - na, que bo - rin - ca - na. Es que mis is - las son __ más her - ma -
nez - co so - la u - na de e - llas. Por - que Bo - rin - quen, Cu - ba y Quis - que -

- nas, son __ u - na so - la en mi __ co - ra - zón. No de - be
- ya son __ u - na so - la en mi __ co - ra - zón.

ha - ber se - pa - ra - ción. No pue - de ha - ber di - fi - ni - ción. Bai - la - mos
Ba - jo la

con un com - pás muy nues - tro, nos e - mo - cio - na un mis - mo son.
som - bra de tus pal - ma - res, can - tan sus hom - bres him - nos de fé, __

Y aun - que la be - lla mar __ nos se - pa - ra for - ma - mos
y la es - pe - su - ra de __ sus mai - za - les, se es - cu - cha el

jun - tas u - na na - ción, y las an - ti - llas se re - co - no -
e - cho de __ los Ur - fia - les. Mien - tras de - ba - jo de un co - co - te -

- cen co - mo las fru - tas de más sa - bor. No de - be
- ro hue - le a ta - ba - co, ca - ña y ca - fé.

To Coda **D.S. al Coda (with repeats)**

ha - ber se - pa - ra - ción. No pue - de ha - ber de - fi - ni - ción. Co - mo me

CODA

(Instrumental)

SON DE LA LOMA

Words and Music by
MIGUEL MATAMOROS

SONG OF THE JET
(Samba do Aviao)

English Lyric by GENE LEES
Original Text and Music by ANTONIO CARLOS JOBIM

635

SONG OF THE SABIÁ
(Sabiá)

Music by ANTONIO CARLOS JOBIM
Original Portuguese Lyric by
CHICO BUARIQUE DE HOLLANDA
English Words by NORMAN GIMBEL

SOY GUAJIRO

Words and Music by
ISMAEL MIRANDA

Additional Lyrics

2. Cayendo el atardecer, del mundo en mi bohío,
   Paso por la finca mía, bebo el agua de mi río.
   Voy donde mi jibarita, que me espera en mi bohío.

3. Ensillo bien mi caballo y me pongo mi sombrero,
   Y me dirijo hacia el pueblo, y al llegar allí me río,
   Pienso que tranquilidad la que tengo en mi bohío

SOY EL MEJOR

Words and Music by
JOHNNY PACHECO

(I Can Recall)
SPAIN

Lyrics by ARTIE MARTIN and AL JARREAU
Music by CHICK COREA and JOAQUIN RODRIGO
Introduction after a theme in the 2nd Movement of the Concerto D'Aranjuez
by JOAQUIN RODRIGO

THE SOUL DRUMMERS

Words and Music by
RAY BARRETTO

SPANISH EYES

Words by CHARLES SINGLETON and EDDIE SNYDER
Music by BERT KAEMPFERT

This is just a - dios and not good - bye. ___
Please smile for me once more be - fore I go. ___

Soon ___ I'll re - turn ___ Bring - ing you all the

G7 **C** **Cm** **Cm6**

love your heart can hold. ___ Please ___ say Si

G **D7** **G**

Si ___ Say you and your Span - ish Eyes will wait for me. ___

Ab **G** **Ab** **G**

Span - ish Eyes ___ Wait for me, say Si Si!

SPEAK LOW
from the Musical Production ONE TOUCH OF VENUS

Words by OGDEN NASH
Music by KURT WEILL

Rhumba or Beguine

Gm9 **C9** **Gm9** **C9** **Gm9** **C9**

Speak Low ___ when you speak, love, ___ our sum - mer day with - ers a - way too
Low ___ dar - ling, Speak Low ___ love is a spark lost in the dark too

F6 **D7** **Bbm9** **Eb9** **Bbm9** **Eb9**

soon, too soon. Speak Low ___ when you speak, love, ___ Our __ mo - ment is
soon, too soon, I feel ___ wher - ever I go ___ that to - mor - row is

G9 **C9** **C7b9** **|1 F6 D7 Gm7 C7** **|2 F**

swift, like __ ships a drift, we're __ swept a - drift, too soon Speak
near, to - mor - row is here and al - ways too soon.

Fm7 **Abm** **Ebmaj7**

Time is so old ___ and love so brief, love is pure gold ___ and

E7b9 **E7** **C7#5** **Gm9** **C9** **Gm9** **C9**

time a thief. We're late ___ dar - ling we're late ___ the cur - tain de -

Gm9 **C9** **F6** **D7** **Bbm9** **Eb9**

scends, ev - 'ry - thing ends too soon too soon I wait ___ dar - ling, I

F **D7** **G9** **C9#5** **F6**

wait ___ will you Speak Low to me, speak love to me and soon. ___

ST. THOMAS

By SONNY ROLLINS

SUAVE CHA

By DAVID TORRES

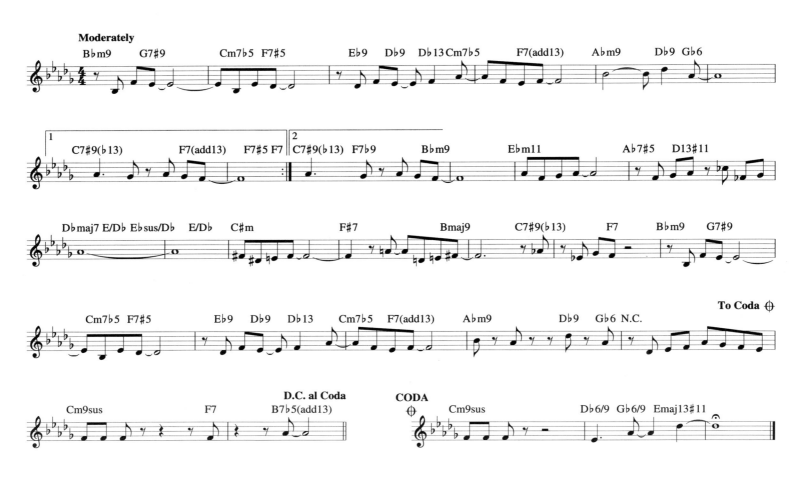

SUAVECITO

Words and Music by
IGNACIO PINEIRO

SO NICE
(Summer Samba)

Original Words and Music by MARCOS VALLE
and PAULO SERGIO VALLE
English Words by NORMAN GIMBEL

SUS OJOS SE CERRARON

Lyrics by ALFREDO LE PERA
Music by CARLOS GARDEL

Additional Lyrics

2. **Como perros de presa**
las penas traicioneras
celando su cariño
galopaban detrás
y escondida en las aguas
de su mirada buena
la muerte agazapada
marcaba su compás.
En vano yo alentaba
febril una esperanza
clavó en mi carne viva
sus garras el dolor.
Y mientras en las calles
en loca algarabía,
el carnaval del mundo
gozaba y se reía,
burlándose el destino
me robó su amor.

Por qué tus alas cruel quemó la vi da...

SUBWAY HARRY

By DAVID TORRES

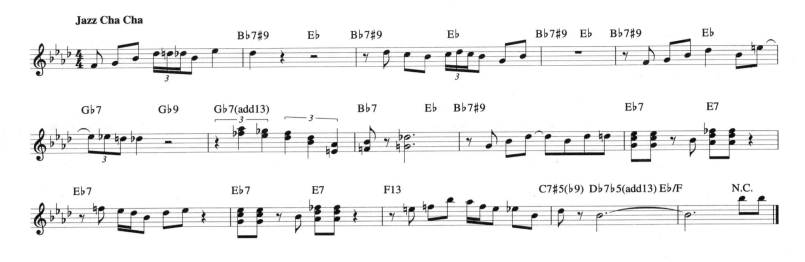

SWAY
(Quien sera)

English Words by NORMAN GIMBEL
Spanish Words and Music by PABLO BELTRAN RUIZ

When ma-rim-ba rhy-thms start to play, dance with me, make me Sway. _

Like the la-zy o-cean hugs the shore, hold me close, Sway me more. _

Like a flow-er bend-ing in the breeze, bend with me, Sway with ease. _

When we dance you have a way with me, stay with me, Sway with me. _

Oth-er dan-cers may be on the floor, dear, but my eyes will see on-ly you. _

On-ly you have that ma-gic tech-nique, when we Sway I grow weak.

I can hear the sound of vi-o-lins, long be-fore it be-gins. _

TABOO

Words and Music by
MARGARITA LECUONA

Tango in D

By ISAAC ALBENIZ

TE SIGO AMANDO

Words and Music by
JUAN GABRIEL

Que seas muy fe - liz es - tes don-de es - tes ca - ri - ño

no im-por-ta que ya no vuel-vas ja - mas con - mi - go.

De - se - o mi a-mor que se - pas tam-bien que te a - mo

que no te olvi - de que nu-ca po - dré te ex-tra - ño.

Que se - as muy fe - liz que en-cuen-tres a - mor mi vi - da

que nun-ca mi a-mor te di-gan a - dios un dí - a.

Per - do - na-me mi a - mor por to-do el tiem - po que te a - me te hi - ce da - ño

te a-me más y fue mi er - ror que so - le - dad es - toy sin ti lo es-toy pa -

gan - do que seas muy fe - liz, que seas muy fe - liz. Mien - tras que

yo te si - go a - man - do. De - se - o mi a - yo

te si - go a - man - do.

TANGO OF ROSES

Words by MARJORIE HARPER
Music by VITTORIO MASCHERONI

TAPETE MÁGICO

Words and Music by
CAETANO VELOSO

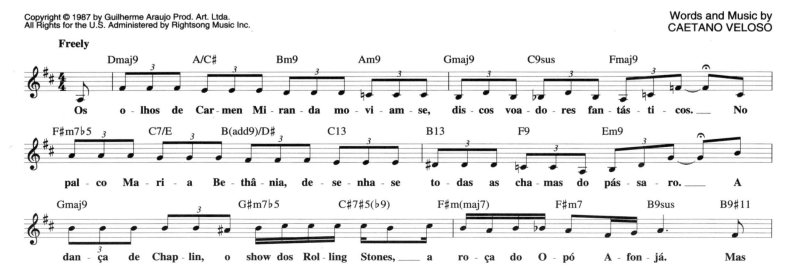

Additional Lyrics

Vejo o todo da festa dos navegantes,
pairo sobre a cidade do Salvador.
Quero de novo estar onde estava antes.
Passo pela janela do meu amor.

Costa Brava, Saara, todo o planeta;
luzes, cometas, mil estrelas do céu;
pontas de luz vibrando na noite preta;
tudo quanto é bonito, o tapete e eu.

To Coda

TE DESAFÍO

Words and Music by
ROBERTO YANES

TE QUIERO

Words and Music by
AGUSTIN LARA

TE SOLTÉ LA RIENDA

Words and Music by
JOSE ALFREDO JIMENEZ

Se me a-ca-bo la fuer-za de mi ma-no iz-quier-da ___
fuer-za re-ba-sar la me-ta ___

voy a de-jar-te el mun-do pa-ra ti so-li-ta. ___
y se a-ban-do-na to-do lo que se ha te-ni-do. ___

Co-mo al ca-ba-llo blan-co le sol-te la ri-en-da, ___
Co-mo tu traes el al-ma con la rien-da suel-ta, ___

a ti tam-bién te suel-to y te me vas a-ho-ri-ta. ___
ya crees que el mun-do es tu-yo y has-ta me das tu ol-vi-do. ___

Y cuan-do al fin com-pren-das que el a-mor bo-ni-to

lo te-nias con-mi-go. ___ Vas a ex-tra-ñar mis be-sos

en los pro-pios bra-zos del que es-te con-ti-go. ___

Vas a sen-tir que llo-ras sin po-der si-quier-a de-rra-mar tu

llan-to. ___ Y has de que-rer mi-rar-te en mis o-jos

cla-ros que qui-sis-te tan-to que qui-sis-te tan-to

1.
que qui-sis-te tan-to.

2.
Cuan-do se quie-re a tan-to. *(Instrumental)*

Es sol-te la rien-da. ___

THIS MASQUERADE

Words and Music by
LEON RUSSELL

Moderately slow

Are we real-ly hap-py here with this lone-ly game we play,

look-ing for words to say? Search-ing but not find-

-ing un-der-stand-ing an-y-way, we're lost in a mas- mas-quer-

ade. Both a-fraid to say we're just too far a-way

from be-ing close to-geth-er from the start.

We tried to talk it o-ver, but the words got in the way.

We're lost in-side this lone-ly game we play.

Thoughts of leav-ing dis-ap-pear ev'-ry time I see your eyes.

No mat-ter how hard I try

to un-der-stand the rea-sons that we car-ry on this way, we're lost

in this mas-quer-ade.

TICO TICO
(Tico no fuba)

Words and Music by ZEQUINHA ABREU,
ALOYSIO OLIVEIRA and ERVIN DRAKE

TODO, TODO, TODO

By JOARSACI

ca - do __ y un día de tan-tos me de - ci - do y __ te pon-go en tu lu - gar. Úl - ti - ma -

men - te que es-tá pa - san - do. No tie - nes tiem - po o no has que - ri - do. No es-tés pen -

(1., 2.) san - do que es-to es un jue - go y ten en cuen - ta lo que te di - go. Con tus de -
(D.S.) men - te. No tien - es tiem - po No es-tés pen -

ta - lles me es-tás can - san - do. Si lo pre - fie - res yo me des - pi - do. Y lo he - cho
san - do. y ten en cuen - ta.

To Coda

to - do, to - do, al ol - vi - do a - sí es mi co - ra - zón. E - sos be - llos mo - me -

- en - tos (to - do, to - do,) tus lin - dos o - jos ver - des (to - do, to - do,) y el jue - go de tu

cuer - po (to - do, to - do,) to - do, to - do. Jun - to con tu son -
(Jun - to con tu son - ris - a, to - do, to - do.)

1

ri - sa (To - do, to - do,) to - dos los re - cuer - dos (to - do, to - do, to - do, to -

- do.) _____ Y a - sí co - mo lle - gue a - do - rar - te si tu - vie - ra que ol -

vi - dar - te a ol - vi - dar - te a - pren - de - ré. Por-que sa - bes que te

2

To - do, to -

do. To - do, to - do. To - do, to - do.

D.S. al Coda

(Instrumental)

Úl - ti - ma -

CODA

Repeat ad lib. and Fade

- tos, to - do, to - do. Tus lin - dos o - jos ver - des, to - do, to - do. To-dos los re -
cuer - dos, to - do, to - do. Los bel-los mo - men - tos, to - do, to - do. Tus lin - dos o - jos
ver - dos, *etc.*

TIME WAS

English Words by S.K. RUSSELL
Music by MIGUEL PRADO

Time Was when we had fun on the school - yard swings; when we ex - changed grad - u -
a - tion rings one love - ly yes - ter - day. Time Was
when we wrote love let - ters in the sand, or lin - gered o - ver our "cof - fee and,"
dream - ing the time a - way. Pic - nics and hay - rides and
mid - win - ter sleigh rides and nev - er a - part. Hikes in the coun - try and
there's more than one tree on which I've a place in your heart.
Dar - ling, ev - 'ry to - mor - row will be com - plete, If all our mo - ments are
half as sweet as all our time was then. then.

TIN TIN DEO

By WALTER GIL FULLER
and LUCIANO POZO GONZALES

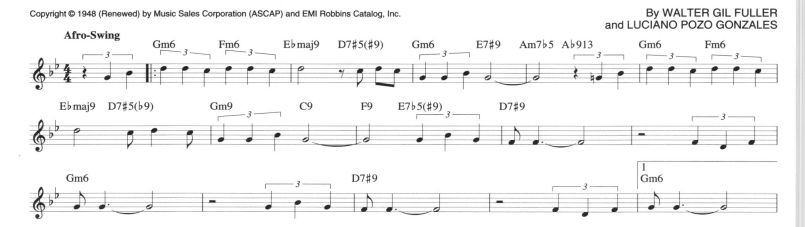

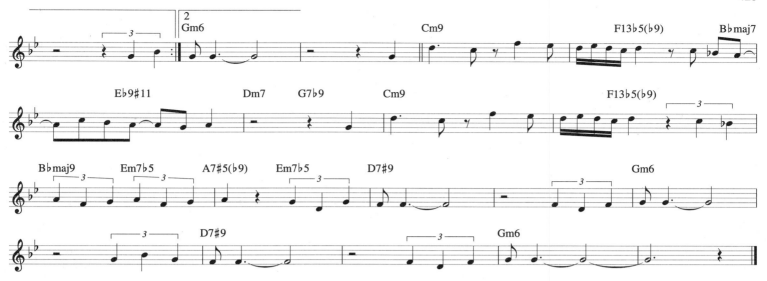

TODO Y NADA

Words and Music by
VINCENTE GARRIDO

To - do _____ lo que ten - go en la vi - da, _____ mi ter - nu - ra es - con - di - da, _____ mi i - lu - sión de vi - vir, _____ to - do te lo die - ra con - ten - to, _____ por - que tu pen - sa - mien - to _____ no a - par - ta - ras de mí. _____ Pe - ro _____ co - mo no me has que - ri - do _____ y lo que te he ofre - ci - do _____ no te pue - de im - por - tar, _____ mue - re _____ la es - pe - ran - za que a - ño - ro, _____ pues te - nién - do - lo to - do _____ na - da te pue - do dar. _____ dar.

TOGETHER

Words and Music by
RAY BARRETTO

Additional Lyrics

2. There are those who hate for love of hate
And those who hate because they are hated.
Destruction can only be your fate,
The doom that hate has created.
Get together before it's too late.

3. If you would take my hand,
If you would dare to see
The beauty in this land that love can set free.
A force to lift us all, it's called humanity.
It's you and me together.

TOMO Y OBLIGO

Lyrics by MANUEL ROMERO
Music by CARLOS GARDEL

TRES LINDAS CUBANAS

Words and Music by GUILLERMO CASTILLO
and ANTONIO MARÍA ROMEU

TRES PALABRAS
(Without You)

Original Words and Music by OSVALDO FARRES
English Words by RAY GILBERT

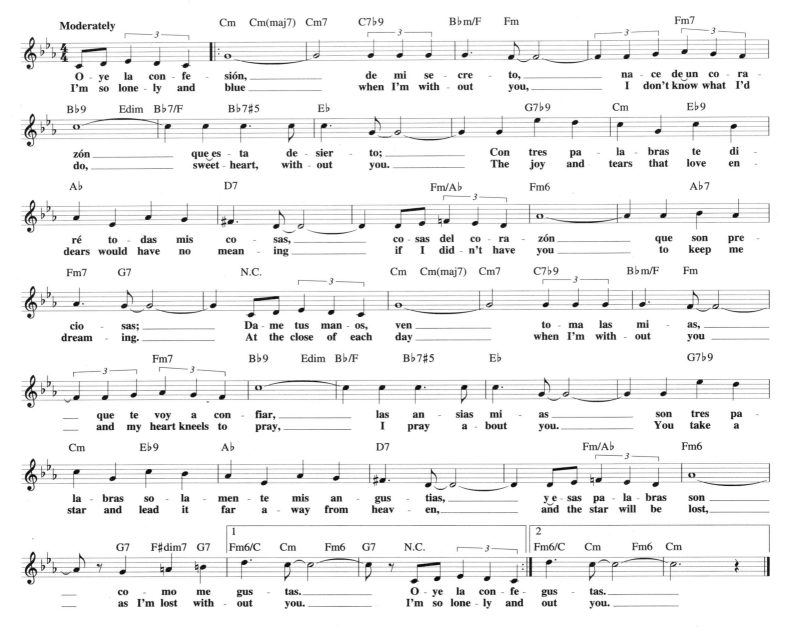

TRISTE

By ANTONIO CARLOS JOBIM

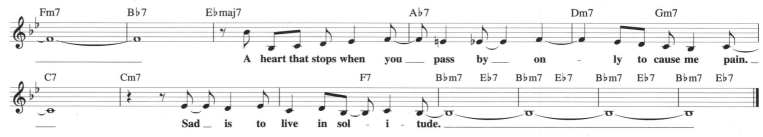

Portuguese Lyrics

Triste é viver a na solidão
Na dor cruel de uma paixão
Triste é saber que ninguem pade viver de ilusão
Que nunca vai ser, nunca dar
O sonhador tem que acordar.

Tua beleze é um auião
Demals pra um pobre coracao
Que para pra te ver passar
So pra se maltratar
Triste é viver na solidãd.

TÚ FELICIDAD
(Made for Each Other)

Original Words and Music by RENE TOUZET
English Words by ERVIN DRAKE
and JIMMY SHIRL

TÚ LOCO LOCO Y YO TRANQUILO

Words and Music by
C. CURET ALONSO

TÚ, MI DELIRIO

Words and Music by
CESAR PORTILLO DE LA LUZ

Moderately

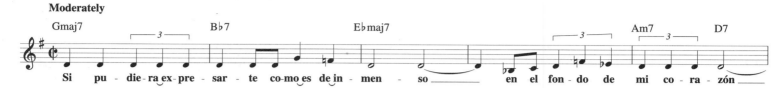

Si pu - die-ra ex-pre-sar-te co-mo es de in - men - so en el fon-do de mi co-ra - zón

mi a - mor por tí. Es-te a - mor de - li-ran-te que a - bra - sa

mi al - ma es pa - sión que a-tor-men-ta mi co-ra - zón.

Siem - pre tú es-tás con mi - go, con mi tris-te - za. Es-tás en mi a - le -

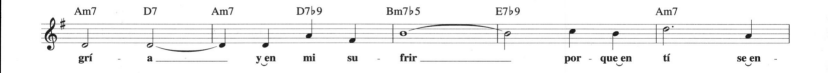

grí - a y en mi su - frir por-que en tí se en -

cie - rra to - da mi vi - da. Si no es-toy con - ti - go mi bien no se vi -

vir. Es mi a - mor de - li - rio de es-tar con - ti - go, pe - ro soy di -

cho - so por-que me quie - res tam - bién. bién.

TÚ NO COMPRENDES

Words and Music by
RAFAEL HERNÁNDEZ

TÚ SÓLO TÚ

By FELIPE VALDEZ LEAL

TYPHOON

By DAVID TORRES

UM CANTO DE AFOXE PARA O BLOCO DO ILE

By CAETANO VELOSO and MORENO VELOSO

Lyrics

Ilê aie como você ê bonito de se ver
Ilê aie que beleza mais bonita de se ter
Ilê aie sua beleza se transforma em você
Ilê aie que maneira mais feliz de viver

UN SENTIMENTAL

Words and Music by JULIO IGLESIAS,
RAFAEL FERRO and RAMON ARCUSA

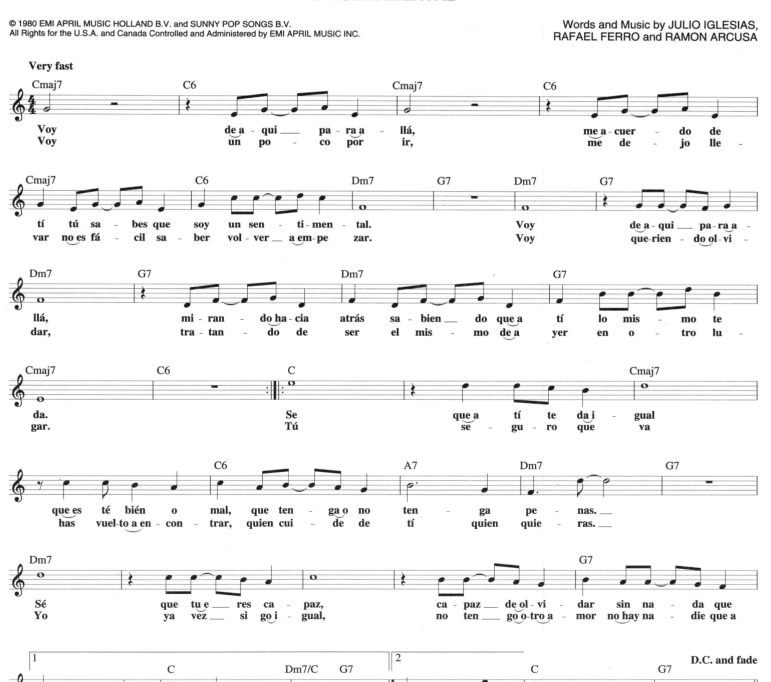

UNA COPA MAS

Words and Music by
J.J. "CHUCHO" NAVARRO

U - na co - pa mas de lin - do y des - per - dir - nos. U - na co - pa
mas que no se - rá ol - vi - dar. U - na co - pa mas
tal vez una po - ca a - mar - ga por nues - tro gran - ca - ri - ño que nun - ca vol - ve
rá u - na co - pa mas. Es la lee de la vi - da e - ra ser y mo
rir nues - tro a - mor fue tan gran - de y de - jo ex - is - tir.
U - na co - pa mas tal vez una po - ca a - mar - ga por nues - tro gran ca -
ti - ño que nun - ca vol - ve - rá, u - na co - pa mas. _____

UNO

Words and Music by ENRIQUE SANTOS DISCEPOLO
and MARIANO MORES

U - no, bus - ca lle - no de es - pe - ran - zas, el ca - mi - no que los sue - ños pro - me - tie - ron a sus
an - sias... Sa - be que la lu - cha es cruel y es mu - cha, pe - ro lu - cha y se de -
san - gra por la fe que lo em - pe - ci - na... U - no, va a rras - trán - do - se en - tre es -

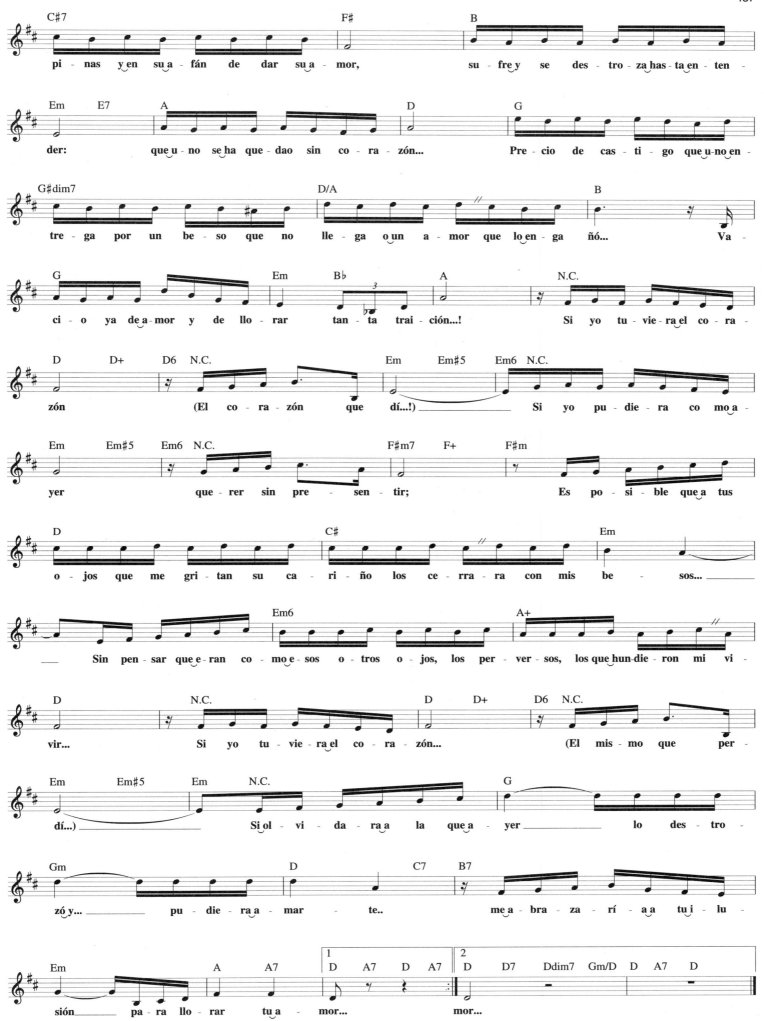

Un Tipo Como Yo

Words and Music by
SERGIO ESQUIVEL

UNA VOZ

Words and Music by
J.J. "CHUCHO" NAVARRO

USTED

Music by GABRIEL RUIZ
Words by JOSE ANTONIO ZORRILLA

VAYA CON DIOS
(May God Be With You)

Words and Music by LARRY RUSSELL,
INEZ JAMES and BUDDY PEPPER

hour of ev-'ry lone-ly day. Now the dawn is break-ing through ___ a gray to-

mor-row. But the mem-o-ries we share ___ are there to bor-row.

Va-ya Con Di-os my dar-ling ___ may God be with you my love. ___

VEN Y DAME UN POCO MÁS

By BEBU SILVETTI
and SYLVIA IBANEZ

Bus-can-do un a-mor sin-ce-ro tu ve a ven-tu-ras que no re-cuer-do a y
ve-ces yo me cre-í a que e-ra to-das a-quel que-rí a y

mo-res que en un mo-men-to se me bo-rra-ron del pen-sa-mien-to. A
fue-ron to-das i-gua-les na-da es-pe-cia-les dí-a tras dí-

-a. Tu er-es tan di-fe-ren-te que so-lo al ver-te qui-se te-ner-

-te. Tú e-res mi vi-da en-te-ra la que se es-pe-ra e-sa e-res

tú ven y dám-e un po-co más. Un po-qui-to de ___ tu a-mor da-me un
Un po-qui-to de ___ tu a-mor con tu

be-so y la ___ dul-zu-ra que nin-gu-na vez ___ me dió. Ven y
cuer-po jun-to al mí-o y com-par-to mi ___ ca-lor. Ven y

dá-me un po-co más Te-nien-do-te siem-pre cer-ca to-do es dis-tin-

To Coda ⊕

-to a mi al re-de-dor.

D.S. al Coda
(with repeats)

CODA
⊕

D.S.S. and Fade

Bus-

-dor. Ven y da-me un po-co más.

VERACRUZ

Words and Music by
AGUSTIN LARA

Moderately

Yo na-cí con la lu-na de pla-ta; y na-cí con al-ma de pi-ra-ta. He na-ci-do rum-be-ro y_ ja-ro-cho tro-va-dor de ve-ras,____ y_ me fui lej-os de Ve-ra-cruz.____

Ve-ra-cruz,____ rin-con-ci-to don-de ha-cen su ni-do las ol-as del mar.

(Instrumental)

Ve-ra-cruz____ pe-da-ci-to__ de pat-ri-a que sa-be suf-rir y can-tar.____

(End instrumental)

Ve-ra-cruz____ son_ tus noch-es di-lu-vio de es-trel-las pal-me-ra y muj-er.____

To Coda

Ve-ra-cruz vib-ra en mi ser____ al-gún día has-ta tus pla-yas le-jan-as tend-ré que_ vol-ver.____

D.S. al Coda

ver.____ (Instrumental)

CODA

jan-as tend-ré que vol-ver.____

VIVE Y VACILA

Words and Music by
TONY FUENTES

Guaracha

Soy co-mo soy, tú no me di-gras na - da__ por-que yo si
No, no,_ no, no,_ que_ tú no es-tás en na - da, ven don-de mí,_

1
que_ se lo que es va - ci-lón.
que_ yo te

2
voy a en-se-ñar. La vi-da es muy_ cor-ta, mi-ra, pon te en al-go,_

pon te en_ al-go,_ vi-ve y va-ci-la.____

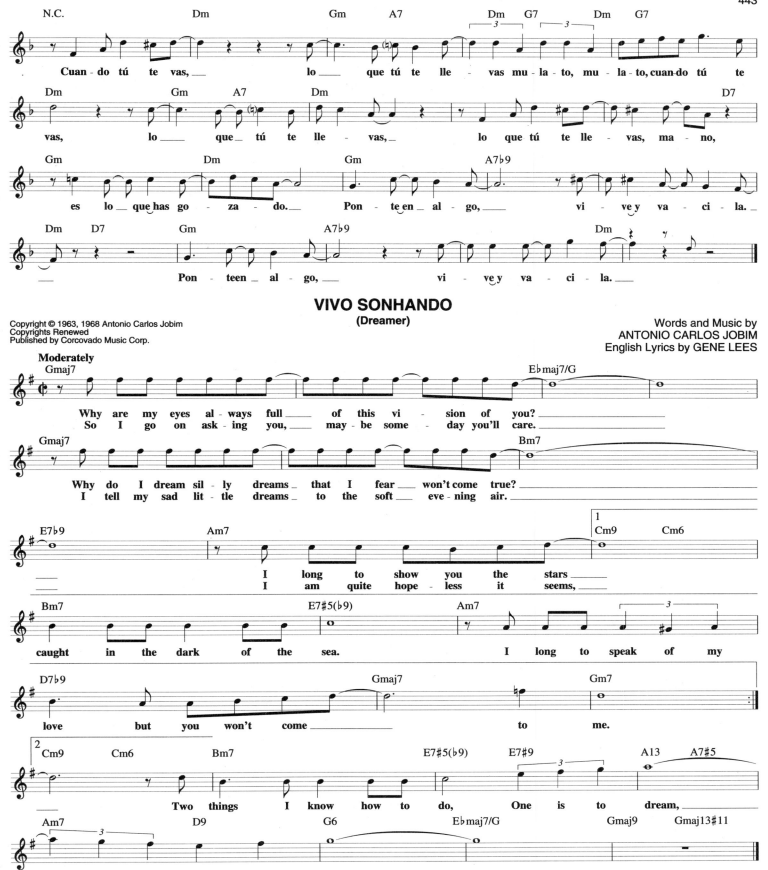

VIVO SONHANDO
(Dreamer)

Words and Music by
ANTONIO CARLOS JOBIM
English Lyrics by GENE LEES

Portuguese Lyrics

Vivo sonhando, Sonhando mil horas sem fim
Tempo em que vou perguntando Se gostas de mim
Tempo de falar em estrelas
Falar de um mar De um céu assim
Falar do bem que se tem mas você não vem
Não vem Você não vindo, Não vindo a vida tem fim
Gente que passa sorrindo zombando de mim
E eu a falar em estrelas, mar, amor, luar
Pobre de mim que só sei te a-mar

VOCÊ É LINDA

Words and Music by
CAETANO VELOSO

Samba

1. Fon-te de mel nuns o-lhos de guei-xa _____ ka-bu-qui, más-ca-ra.
2. A su-a coi-sa é to-da tão cer-ta, be-le-za es-per-ta.
3.,4. *(See additional lyrics)*

Cho-que en-tre o a-zul e o ca-cho de a-cá-ci-as, luz de a-cá-cias, vo-cê é mãe do sol.
Vo-cê me dei-xa a ru-a de-ser-ta, _____ quan-do a-tra-ves-sa _____

Chorus

e não o-lha pra trás. (Vo-cê é) lin-da e sa-be vi-ver, vo-cê me faz fe-liz. _____
Vo-cê é lin-da _____ mais que de-mais, vo-cê e lin-da sim. _____

Es-ta can-ção _____ é só pra di-zer _____ e diz,

D.C. with repeats

On-da do mar _____ do a-mor que ba-teu _____ em mim.

Additional Lyrics

3. Você é forte, dentes e músculos,
Peitos e lábios.
Você é forte, letras e músicas,
Todas as músicas que ainda hei de ouvir.

No Abaeté areias e estrelas,
Não são mais belas
Do que você, mulher das estrelas,
Mina de estrelas, diga o que você quer.
Chorus

4. Gosto de ver você no seu ritmo.
Dona do carnaval.
Gosto de ter, sentir seu estilo,
Ir no seu íntimo, nunca me faça mal.

Chorus and fade

VOLVER

Lyrics by ALFREDO LE PERA
Music by CARLOS GARDEL

Moderate Tango

1. Yo a-di-vi-no el par-pa-de-o de las lu-ces que a lo le-jos van mar-can-do mi re-tor-no.
2. *(See additional lyrics)*

Son las mis-mas que a-lum-bra-ron con sus pá-li-dos re-fle-jos hon-das ho-ras de do-lor.

Y aun-que no qui-se el re-gre-so, _____ siem-pre se vuel-ve al pri-mer a-mor. La quie-ta

ca-lle don-de el e-co di-jo: _____ tu-ya es su vi-da, tu-yo es su que-rer, _____ ba-jo el bur-

lón mi-rar de las es-tre-llas que con in-di-fe-ren-cia hoy me ven vol-ver. Vol-

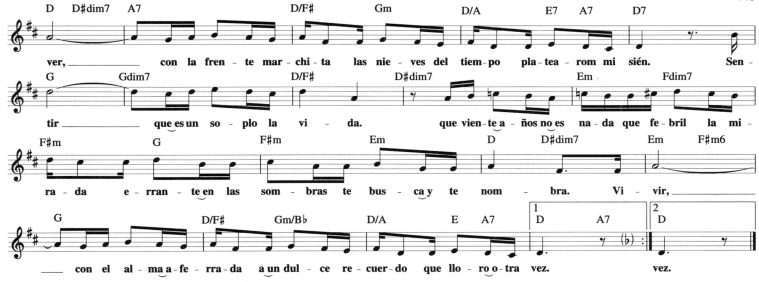

Additional Lyrics

2. Tengo miedo del encuentro
con el pasado que vuelve
a enfrentarse con mi vida.
Tengo miedo de las noches
que pobladas de recuerdos
encadenen mi soñar.
Pero el viajero que huye,
tarde o temprano detiene su andar
y aunque el olvido que todo destruye
haya matado mi vieja ilusión,
guardo escondida una esperanza humilde
que es toda la fortuna de mi corazón.

Volver, con la frente marchita...

VOY A APAGAR LA LUZ

Words and Music by
ARMANDO MANZANERO

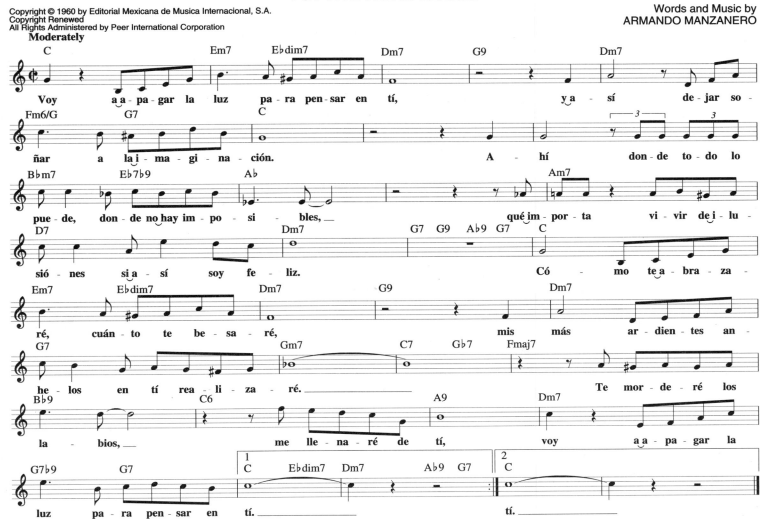

VOLVIÓ UNA NOCHE

Lyrics by ALFREDO LE PERA
Music by CARLOS GARDEL

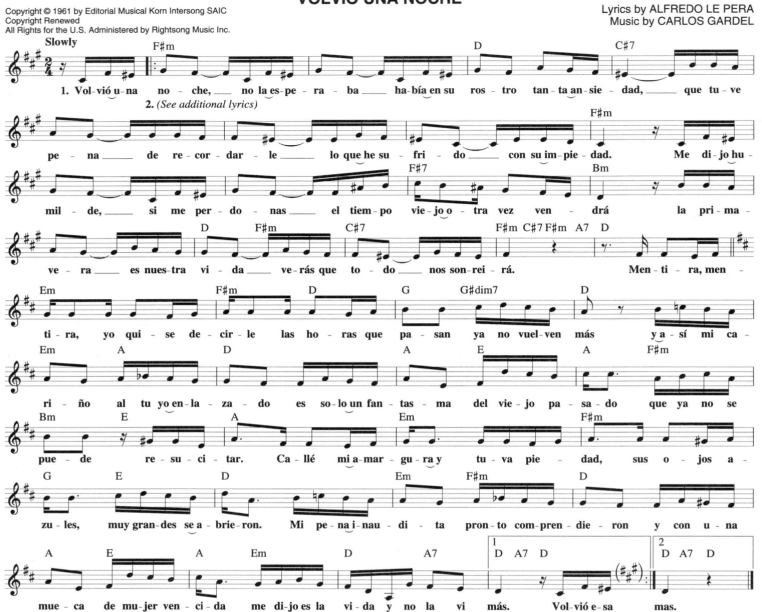

1. Vol-vió u-na no-che, no la es-pe-ra-ba ha-bía en su ros-tro tan-ta an-sie-dad, que tu-ve
pe-na de re-cor-dar-le lo que he su-fri-do con su im-pie-dad. Me di-jo hu-
mil-de, si me per-do-nas el tiem-po vie-jo o-tra vez ven-drá la pri-ma-
ve-ra es nues-tra vi-da ve-rás que to-do nos son-rei-rá. Men-ti-ra, men-
ti-ra, yo qui-se de-cir-le las ho-ras que pa-san ya no vuel-ven más y a-sí mi ca-
ri-ño al tu-yo en-la-za-do es so-lo un fan-tas-ma del vie-jo pa-sa-do que ya no se
pue-de re-su-ci-tar. Ca-llé mi a-mar-gu-ra y tu va pie-dad, sus o-jos a-
zu-les, muy gran-des se a-brie-ron. Mi pe-na i-nau-di-ta pron-to com-pren-die-ron y con u-na
mue-ca de mu-jer ven-ci-da me di-jo es la vi-da y no la vi más. Vol-vió e-sa mas.

2. (See additional lyrics)

Additional Lyrics

2. Volvió esa noche nunca la olvido
con la mirada triste y sin luz
y tuve miedo de aquel espectro
que fué locura en mi juventud.
Se fué en silencio sin un reproche.
Busqué un espejo y me quise mirar.
Había en mi frente tantos inviernos
que también ella tuva piedad.

Mentira, mentira, yo geise decirle...

WATCH WHAT HAPPENS
from THE UMBRELLAS OF CHERBOURG

Music by MICHEL LEGRAND
Original French Text by JACQUES DEMY
English Lyrics by NORMAN GIMBEL

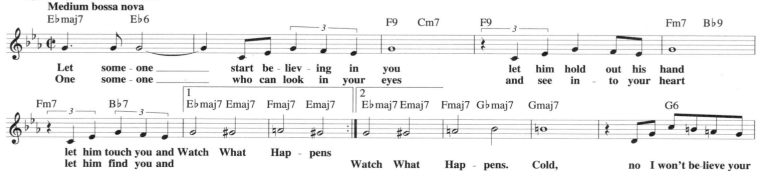

Let some-one start be-liev-ing in you let him hold out his hand
One some-one who can look in your eyes and see in-to your heart

let him touch you and Watch What Hap-pens
let him find you and Watch What Hap-pens. Cold, no I won't be-lieve your

WAVE

Words and Music by
ANTONIO CARLOS JOBIM

WHAT A DIFF'RENCE A DAY MADE

English Words by STANLEY ADAMS
Music and Spanish Words by MARIA GREVER

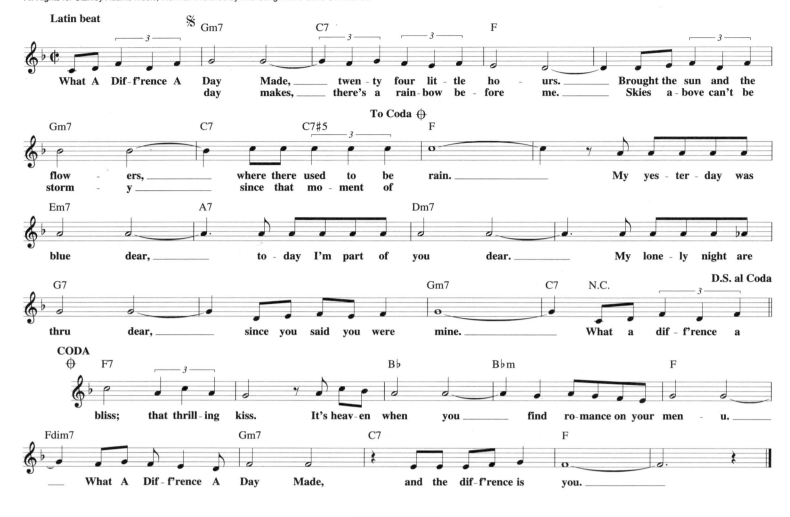

Y PENSAR

Words and Music by DINO RAMOS,
JULIO IGLESIAS and O. SANCHEZ

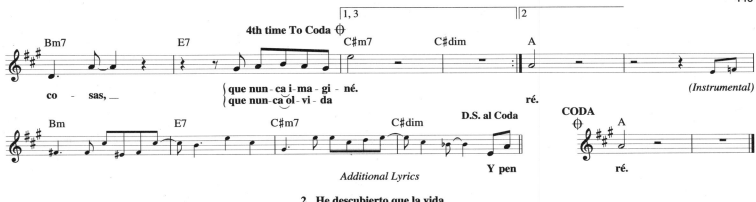

Additional Lyrics

2. He descubierto que la vida
Se hace solo de momentos
Que se vivem una vez,
Y me he sentido diferente
Entre todas esas gentes,
Tantas cosas a la vez.
Bridge

3. He descubierto que mi cuerpo
Se estremece en un momento
Al encuentro con tu piel,
Y me he sentido tan querido
Por las cosas que he vivido
Y que nunca las sone.
Bridge

Y TÚ, ¿QUE HAS HECHO?

Words and Music by
EUSEBIO DELFÍN

Y VOY A SER FELIZ

Words and Music by
XAVIER SANTOS CORTEZ

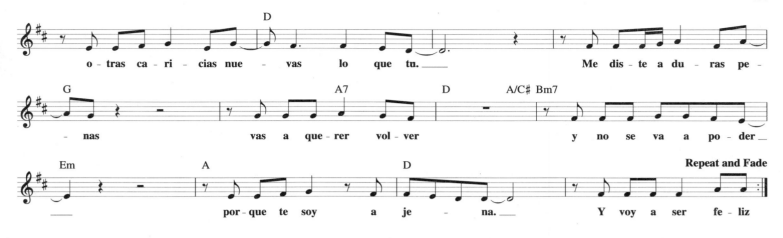

o - tras ca - ri - cias nue - vas lo que tu. _____ Me dis - te a du - ras pe -

- nas vas a que - rer vol - ver y no se va a po - der _____

por - que te soy a - je - na. Y voy a ser fe - liz

Repeat and Fade

YA ES MUY TARDE

Words and Music by
ALFREDO GIL

(Instrumental)

Ya es muy

tar - de pa - ra re - me - tiar do do - lo que a - pa - sa - do ya es muy

tar - de pa - ra re - vi - vir nues - tro vie - jo que - re. Pre - fe - ri - ble pa - ra

ti que ol - vi - des el pa - sa - do Ya es muy tar - de si tra - tas de vol - ver que so - lo fue de -

cir. Y mu - chas son can - ción - es de bus - qué y a tus plan - tas de ro - di - llas im - plo -

re _____ ya no in - sis - tas ___ en reu - nir tu vi - da con la mí - a. Ya es muy

tar - de si tra - tas de vol - ver re - cién ya ta - pa - ver. (Instrumental) ver.

Ya es muy tar - de si tra - tas de vol - ver re - cién ya ta - pa - ver.

YA NO ME VUELVO A ENAMORAR

Words and Music by
JUAN GABRIEL

YELLOW DAYS

English Lyric by ALAN BERNSTEIN
Music and Spanish Lyric by ALVARO CARRILLO

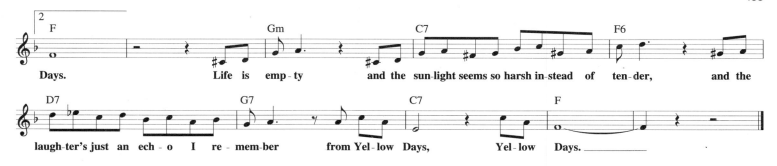

YESTERDAY I HEARD THE RAIN
(Esta Tarde Vi Llover)

Words and Music by ARMANDO MANZANERO
English Words by GENE LEES

YIRA YIRA

Words and Music by
ENRIQUE SANTOS DISCEPOLO

Tango

Cuan - do la suer - te que es gre - la fa - yan - do y fa - yan - do te lar - gue pa - rao;
Cuan - do es - tén se - cas las pi - las de to - dos los tim - bres que vos a - pre - tás,

cuan - do es - tés bien en la ví - a sim rum - bo, de - ses - pe - rao;
bus - can-do un pe - cho fra - ter - no pa - ra mo - rir a - bra - zao;

cuan - do no ten - gás ni fé ni yer - be de a - yer se - cán - do - se al sol;
cuan - do te de - jen ti - rao des - pués de cin - char lo mis - mo que a mí;

cuan - do ra - jés los ta - man - gos bus - can - do e - se man - go que te ha - ga mor - far,
cuan - do man-yés que a tu la - do se prue - ban la ro - pa que vas a de - jar,

la in - di - fe - ren - cia del mun - do que es sor - do y es mu - do re - cién sen - ti - rás.
te a - cor-da-rás de es - te o - ta - rio que un dí - a can - sa - do ¡se pu - so a la - drar!

Ve - rás que to - do es men - ti - ra, ve - rás que na - da es a - mor.

que al mun - do na - da le im - por - ta... ¡Yi - ra! ¡Yi - ra!

Aun - que te quie - bre la vi - da, aun - que te muer-da un do - lor,

1.
no es - pe - res nun - ca u - na a - yu - da, ni u - na ma - no, ni un fa - vor.

2.
vor.

YO SOY EL PUNTO CUBANO

Words and Music by
CELINA GONZALEZ

Moderately

Yo sol el pun - to cu - ba - no que en la ma - ni - gua vi - ví - a

cuan - do el mam - bí se ba - tí - a con el ma - che - te en la ma - no

con el ma - che - te en la ma - no. Ten - go un po - der

YOURS
(Cuando se quiere de veras)

Words by ALBERT GAMSE and JACK SHERR
Music by GONZALO ROIG

You're Everything

Lyric by NEVILLE POTTER
Music by CHICK COREA

CODA

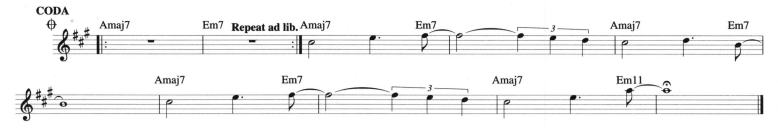

ZINGARO
(Retrato em Branco e Preto)

Words and Music by ANTONIO CARLOS JOBIM
and CHICO BUARQUE

Bossa Nova

INDEX

This is a highly selective list. Many of the songs in this book can be played in more than one style. This index is really just a tool to get you started in exploring the music in this collection.

THE BEST FAKE BOOK EVER
2ND EDITION

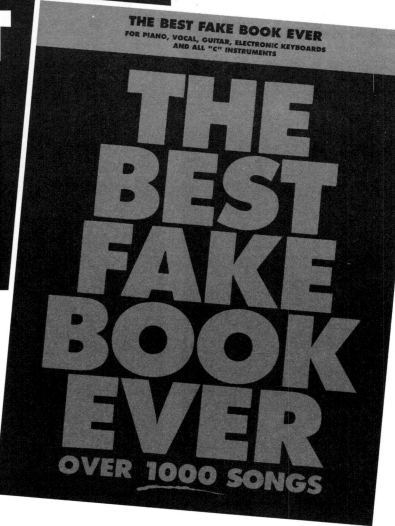

The best selection of songs ever compiled into one fake book – for a total of 1075 songs! Features: Guitar chord frames • Plastic-comb binding • Index by musical category – big band, Broadway, Christmas/inspirational, college, country, Hawaiian/Polynesian, hits of the 50's, hits of the 60's, hits of the 70's, pop and contemporary hits of the 80's and 90's, singalongs/special request & novelty tunes, standards, blues/Dixieland/jazz, Latin rhythms, polkas, and songs in 3/4 time.

SONG HIGHLIGHTS INCLUDE: All My Loving • American Pie • And I Love You So • At the Hop • Autumn Leaves (Les Feuilles Mortes) • Barbara Ann • The Birth of the Blues • Bohemian Rhapsody • Born Free • The Boy from New York City • Cabaret • Can You Feel the Love Tonight • Candle in the Wind • Chariots of Fire • Colors of the Wind • Crazy • Crocodile Rock • Do You Know the Way to San Jose • Don't Cry for Me Argentina • Dust in the Wind • Fever • Fire And Rain • (Meet) the Flintstones • Forrest Gump - Main Title (Feather Theme) • Free Bird • From a Distance • The Girl from Ipanema (Garota de Ipanema) • Hello, Dolly! • Hey Jude • I Heard It Through the Grapevine • I Left My Heart in San Francisco • I Mean You • I Write the Songs • If I Were a Bell • Imagine • Kansas City • The Keeper of the Stars • King of the Road • Longer • The Man That Got Away • Me and Bobby McGee • Michelle • Mickey Mouse March • Misty • More (Ti Guardero' Nel Cuore) • Peggy Sue • The Power of Love • The Rainbow Connection • Raindrops Keep Fallin' on My Head • Route 66 • Ruby Baby • Sentimental Journey • Somebody • Somewhere in Time • Somewhere, My Love (Lara's Theme) • Song Sung Blue • Spanish Eyes • Spinning Wheel • Star Dust • Stormy Weather (Keeps Rainin' All the Time) • Take Five • Take the "A" Train • Unchained Melody • Wave • The Way We Were • We Are the Champions • We Will Rock You • What a Wonderful World • What the World Needs Now Is Love • Wooly Bully • Y.M.C.A. • You Don't Bring Me Flowers • You're So Vain • You've Got a Friend • Your Song • Zip-A-Dee-Doo-Dah • and hundreds more.

00290239	C Edition		$45.00
00240083	B♭ Edition		$45.00
00240084	E♭ Edition		$45.00

There is no song duplication between **THE ULTIMATE FAKE BOOK** and **THE BEST FAKE BOOK EVER!**

FOR MORE INFORMATION, SEE YOUR LOCAL MUSIC DEALER, OR WRITE TO:

HAL•LEONARD® CORPORATION

7777 W. BLUEMOUND RD. P.O. BOX 13819 MILWAUKEE, WI 53213

Prices, contents & availability subject to change without notice. Some products may not be available outside the U.S.A.